| 高职高专新商科系列教材 |

基础会计（微课版）

张春霞　任立改　主　编

于永梅　王秀芳　副主编

清华大学出版社

北京

内 容 简 介

本书依据模拟企业直观的经济业务案例,结合教师的丰富教学经验编写而成,知识与技能循序递进,实践性与适用性较强。

本书按照项目任务式体例设计,共有会计认知、借贷记账法及其运用、会计凭证的填制与审核、会计账簿的设置与登记、财产清查、财务报表的编制六个项目,每个项目又细分为多个学习任务,每个学习任务都配有微课视频、课件、训练等学习资源。本书附录为项目考核与训练、总结与评价,以及企业综合业务模拟,可提高学生的实践技能。

本书可作为普通高等学校(应用型本科、高职高专)、成人高校财经类专业的通用教材,也可作为财会人员的岗位培训教材,还可作为财会工作者和经营管理人员的参考用书。

图书在版编目(CIP)数据

基础会计:微课版 / 张春霞,任立改主编. —北京:清华大学出版社,2023.9
高职高专新商科系列教材
ISBN 978-7-302-64375-3

Ⅰ.①基… Ⅱ.①张… ②任… Ⅲ.①会计学—高等职业教育—教材 Ⅳ.①F230

中国国家版本馆 CIP 数据核字(2023)第 149814 号

责任编辑:吴梦佳
封面设计:傅瑞学
责任校对:李 梅
责任印制:曹婉颖

出版发行:清华大学出版社
    网　　　址:http://www.tup.com.cn, http://www.wqbook.com
    地　　　址:北京清华大学学研大厦 A 座　　　　　邮　　编:100084
    社　总　机:010-83470000　　　　　　　　　　邮　　购:010-62786544
    投稿与读者服务:010-62776969, c-service@tup.tsinghua.edu.cn
    质量反馈:010-62772015, zhiliang@tup.tsinghua.edu.cn
    课件下载:http://www.tup.com.cn,010-83470410
印 装 者:三河市天利华印刷装订有限公司
经　　销:全国新华书店
开　　本:185mm×260mm　　　印　张:12.75　　　字　数:309 千字
版　　次:2023 年 9 月第 1 版　　　印　次:2023 年 9 月第 1 次印刷
定　　价:45.00 元

产品编号:101270-01

习近平总书记在党的二十大报告中明确指出"教育是国之大计、党之大计。培养什么人、怎样培养人、为谁培养人是教育的根本问题。"学校和教师是办好教育事业的主要责任主体。《国家职业教育改革实施方案》提出的"三教"改革中,教师是根本,教材是基础,教法是途径。本书贯彻落实党的二十大精神进教材,强化课程思政建设,以职业教育人才培养目标为宗旨进行编写。

"基础会计"是高等职业院校财经类专业重要的专业基础课程。作为会计的入门课程,它对于学习者掌握会计职业技能和职业发展至关重要。随着大数据、云计算、人工智能等技术的发展,微课、慕课、SPOC、智慧课堂、翻转式学习、混合式学习等多种学习方式已经进入会计教育领域,这也给《基础会计》教材编写提出了新的挑战。本书力求更好地为应用型人才培养服务,从内容到表现形式都贴近会计实务,有利于学习者学习与训练。本书着力突出以下特点。

1. 内容选取与时俱进

本书内容选取符合 2017 年修订后的会计准则、2019 年增值税税率调整后的法规政策及初级会计师考试大纲的要求,并增加了课程思政的相关内容。

2. 内容体系采用项目任务式,融"教、学、做"于一体

本书以提高学习者的学习能力、实践能力、创新能力为目标,融"教、学、做"于一体,以"项目导向""任务驱动""工学交替"的教学思路共设计了六个项目,每个项目前设有学习目标、思维导图等模块。项目中根据会计工作、学习、考证的需要设计相应的学习任务,每个任务下都设有任务描述、知识引导、任务实施、任务训练等模块,让学生带着学习目标完成每一个学习任务。学习过程也是工作过程,有利于提高学生分析问题与解决问题的能力。

3. 配套项目考核与训练、企业综合业务模拟

每个项目配套项目考核与训练、总结与评价,学生每完成一个项目的学习,即可进行考核,教师可随时掌握学生学习的状态,学生也可以找到自己的不足,为进一步学习提供对策。此外,每个项目还配有企业综合业务模拟,以仿真的原始凭证为工作对象,按工作流程填制记账凭证、登记会计账簿、填报会计报表,可大幅提升学生的职业能力素养,提高学生的实践能力。

4. 案例仿真、习题丰富

知识引导中的教学案例选自一家模拟企业(包括单位名称、地址、开户行、账号、电话、人名等均为虚构，如有雷同纯属巧合），对重要的知识点有相应的配套训练，配套训练形式多样，有单选题、多选题、判断题、计算题、分析题等。

5. 网络配套资源充分，运用更高效

本书为国家级农业经济管理专业教学资源库"基础会计"课程配套教材，课程资源包括课程标准、PPT课件、微课、动画、题库等，可同时满足学习者学习、教师教学的需要。书中配有相应资源的二维码，读者可扫码学习。

本书参考学时为78学时，各项目的学时分配参照下表。

项目	名称	参考学时数
项目一	会计认知	6
项目二	借贷记账法及其运用	24
项目三	会计凭证的填制与审核	10
项目四	会计账簿的设置与登记	16
项目五	财产清查	8
项目六	财务报表的编制	8
机动		6
合计		78
综合模拟实训		30

本书由黑龙江农业经济职业学院张春霞和于永梅、河北地质大学华信学院任立改、酒泉职业技术学院王秀芳共同编写。张春霞、任立改任主编，于永梅、王秀芳任副主编。项目一中的任务一和项目五由张春霞编写，项目一中的任务二、任务三和项目六由于永梅编写，项目二和项目三由任立改编写，项目四和附录由王秀芳编写。最后由张春霞总纂成书。

本书在编写过程中，得到了各位编写人员所在院校领导的大力支持，同时也参考了有关图书和文献，在此一并表示感谢。

由于时间仓促和编者水平所限，书中难免有疏漏和不当之处，敬请广大读者和同行提出宝贵意见，以便今后改进。

编 者

2023 年 3 月

CONTENTS

目 录

项目一

会计认知

 学习目标

知识目标：

1. 了解企业及企业的基本类型。

2. 理解什么是会计。

3. 理解会计机构、会计工作岗位及会计职能、会计核算方法等的基本含义。

4. 掌握反映企业财务状况会计要素的基本内容。

5. 掌握反映企业经营成果会计要素的基本内容。

6. 理解六大会计要素的三个会计等式。

7. 理解具体交易或事项对会计等式的影响。

8. 能够记住会计科目的种类及常用会计科目的名称。

9. 能够熟记会计账户的种类及常用账户的名称。

10. 掌握会计账户的基本结构。

能力目标：

1. 能够认识企业的性质。

2. 能够对特定企业设置会计机构及机构内部进行会计岗位分工。

3. 能够熟记会计核算方法，为后续学习打下基础。

4. 能够正确识别会计要素。

5. 针对交易或事项能够分析具体要素变化对会计等式两边总额的影响。

6. 能够根据业务内容准确确定会计科目的名称。

7. 能够熟悉会计账户的结构，并能初步运用。

素质目标：

1. 培养学生分析问题、解决问题的能力。

2. 培养学生养成学习与工作仔细、认真的能力。

3. 培养学生团队协作和沟通的能力。

课程思政：

1. 贯彻落实党的二十大精神，为全面建设社会主义现代化国家而团结奋斗。

2. 培养学生在学习与工作中都要遵守会计职业道德，培养学生仔细认真、客观公正、坚持准则、不做假账的职业素养，践行社会主义核心价值观。

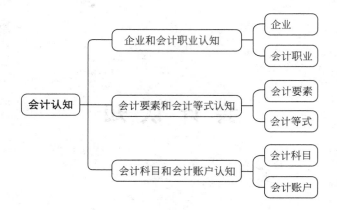

学习导图

任务一　企业和会计职业认知

任务描述

　　小张毕业后应聘到一家生产家具的公司在财务部进行顶岗实习,主要帮助出纳与会计工作,边学边做。小张对会计工作基本理论与需要的技能不太了解,应从哪里开始工作呢? 首先要全面了解公司的生产经营过程,其次是对会计职业要有全面的认识,全面提升会计基本理论与技能,学做递进,早日适应工作的需要。我们和小张一起开始学习吧。

知识引导

一、企业

　　企业是指从事生产、流通、服务等经济活动,实行自主经营、独立核算、承担风险、依法设立的一种营利性的经济组织。

(一)按照国民经济行业标准划分

1. 制造企业

制造企业是指生产物资产品的企业,如华为公司、西门子公司、海尔公司等。

2. 商品流通企业

商品流通企业独立于生产领域之外,如商场和超市等。

3. 服务企业

服务企业是指为企业、政府、事业单位和居民提供各种服务的企业,如餐饮、娱乐、旅游等企业。

(二)按照财产的组织形式和所承担的法律责任划分

1. 独资企业

独资企业是指由业主个人出资兴办,由业主直接所有和经营的企业,包括私营企业和个体工商户。

2. 合伙企业

合伙企业是指由两个或两个以上的个人和法人共同出资、合伙经营的企业,利益共享、风险共担。

3. 公司

公司是指以资本联合为基础设立的一种企业组织形式,其所有权与经营权分离。公司的股东以其出资额或股份享受权利,承担义务。公司通常有以下两种形式。

(1)有限责任公司是指由两个以上股东共同出资,每个股东以其认缴的出资额对公司行为承担有限责任,公司以其全部资产对其债务承担责任的企业法人。有限责任公司不对外公开发行股票。

(2)股份有限公司是指注册资本由等额股份构成,并通过发行股票筹集资本,公司以其全部资产对公司债务承担有限责任的企业法人。

二、会计职业

会计职业一般是指会计从业人员在企、事业等单位的会计工作组织中所从事的职业。

(一)会计的概念

会计是以货币为主要计量单位,运用一系列专门方法,对企业、行政事业单位的经济活动进行连续、系统、全面、综合的核算和监督,提供可靠、相关的信息,以满足信息使用者需要的一种管理活动。

 思政园地

1. 党的二十大报告的主题是高举中国特色社会主义伟大旗帜,全面贯彻新时代中国特色社会主义思想,弘扬伟大建党精神,自信自强,守正创新,踔厉奋发,勇毅前行,为全面建设社会主义现代化国家、全面推进中华民族伟大复兴而团结奋斗。新时代新征程使命任务已明确,我们要把党的二十大精神转化为强大的学习动力,肩负起强国的历史重任,回报祖国。

2. 请同学们查找会计职业道德,并分析在学习与工作中如何践行会计职业道德。

会计职业道德:爱岗敬业、诚实守信、廉洁自律、客观公正、坚持准则、参与管理、强化服务。同学们从学习开始,就应以会计职业道德为准绳,培养良好的职业工作态度,为强化企业管理提供服务,践行社会主义核心价值观。

【训练1-1·单选题】 会计的本质是(　　　)。

A. 经济活动　　　　B. 管理活动　　　　C. 筹资活动　　　　D. 投资活动

(二)会计机构的设置

会计机构是指单位内部设置的组织和办理会计事务的职能部门,是企业重要的组织机构之一。

《中华人民共和国会计法》(简称《会计法》)第七条规定,国务院财政部门主管全国的会计工作。县级以上地方各级人民政府的财政部门管理本行政区域内的会计工作。

《会计法》第三十六条规定,各单位应当根据会计业务的需要,设置会计机构,或者在有关机构中设置会计人员并指定会计主管人员;不具备设置条件的,应当委托经批准设立从事会计代理记账业务的中介机构代理记账。

一个单位是否需要设置会计机构,一般取决于单位规模的大小、经济业务和财务收支的繁简,以及经济管理体制的要求。

(三) 会计人员的配备

会计人员是指企业从事会计工作的人员,包括单位财务会计负责人、会计机构负责人和从事会计具体工作的人员。

会计人员应具备两方面的素质:一方面是具备会计专业的理论知识与专业技能;另一方面是具备会计工作职业道德。

(四) 会计岗位的设置

企业、事业、政府机关、社会团体等单位的会计的主要工作任务是会计核算、会计监督和财务管理等。不同性质单位的会计岗位是不完全相同的,《会计基础工作规范》规定,会计工作岗位一般可分为以下 11 个,但不是固定的,各单位可以根据自身需要合并或重新分设。会计工作岗位,可以一人一岗、一人多岗或者一岗多人。但出纳人员不得兼管稽核、会计档案保管和收入、费用、债权债务账目的登记工作。

1. 会计机构负责人或会计主管人员

会计机构负责人或会计主管人员负责组织领导本单位财务会计工作;组织制定并贯彻本单位的各项财务制度;组织编制本单位财务成果计划、单位预算,并检查其执行情况;组织编制财务会计报表和有关报告;组织财会人员参加政治和业务学习;考核会计人员的工作;参与会计人员的任免和调动等。

2. 出纳

出纳负责办理现金收付和银行结算业务;登记现金和银行存款日记账;保管库存现金和有价证券;保管有关印章、空白收据和空白支票。

3. 财产物资核算

财产物资核算负责会同有关部门制定本单位材料物资核算与管理办法;负责材料物资、固定资产的明细核算;做好监督、检查工作。

4. 工资核算

工资核算负责办理职工的工资结算、工资分配核算,并进行有关明细核算,分析工资总额计划的执行情况。

5. 成本费用核算

成本费用核算负责编制成本、费用计划,并将其指标分解落实到有关责任单位和个人;会同有关部门拟定成本费用管理与核算办法,建立健全各项原始记录和定额资料,遵守国家的成本开支范围和开支标准,正确归集和分配费用,计算产品成本、登记成本明细账,并编制有关会计报表,分析成本计划的执行情况。

6. 财务成果核算

财务成果核算负责编制收入、利润计划并组织实施,正确解缴有关税费;负责编制有关收入利润方面的会计报表,并对其进行分析和利用。

7. 资金核算

资金核算负责资金的筹集、使用、调度和核算。

8. 往来结算

往来结算负责办理应收、应付款项的往来结算业务、备用金的管理和核算。

9. 总账报表

总账报表负责总账的登记与核对,并将其与有关的日记账和明细账相核对,依据账簿记录编制会计报表和报表附注,进行综合分析,参与企业生产经营决策等。

10. 稽核

稽核负责确立稽核工作的组织形式和具体分工,明确稽核工作的职责、权限,审核会计凭证,复核会计账簿和报表。

11. 档案管理

档案管理负责制定会计档案的立卷、归档、保管、查阅和销毁等管理制度,保证会计档案的妥善保管、有序存放、方便查阅,严防毁损、散失和泄密。

（五）会计工作的业务流程

会计工作的业务流程如图 1-1 所示。

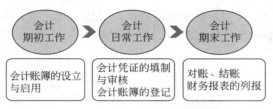

图 1-1　会计工作的业务流程

（六）会计职能

会计职能是指会计在经济管理活动中所具有的内在功能。会计的基本职能是核算和监督。

会计职能

1. 会计核算职能

会计核算职能也称为会计的反映职能,是指会计以货币为主要计量单位,通过确认、计量、记录、报告等环节,对特定主体的经济活动进行记账、算账、报账,为各方面提供会计信息的功能。会计核算贯穿经济活动的全过程。从核算的时间看,它既包括事后核算,也包括事前、事中核算;从核算的内容看,它既包括记账、算账、报账,又包括预测、决策、分析和考核。

2. 会计监督职能

会计监督职能是指会计人员在进行会计核算的同时,对特定主体经济活动的合法性、合理性进行审查。监督的核心就是要干预经济活动,使之遵守国家法令、法规,保证财经制度的贯彻执行。会计监督贯穿经济活动的全过程,包括事前监督、事中监督和事后监督。

【训练 1-2·多选题】 会计的基本职能包括（　　）。

A. 预测　　　　　　B. 核算　　　　　　C. 监督　　　　　　D. 控制

（七）会计对象

会计对象是会计所核算和监督的内容。会计是以货币为主要计量单位,对经济活动进行核算和监督的经济管理工作。因此,凡是特定单位能够以货币表现的经济活动都是会计核算和监督的内容,就是会计的对象,也称为价值运动或资金运动。

工业企业的资金运动表现为资金的投入、资金的运用和资金的退出三个过程。

资金的投入包括企业接受投资者投入的资金和向债主借入的资金两部分:前者称为企业的所有者权益;后者称为企业的负债,也称为债权人权益。

资金的运用是资金投入企业后在供、产、销过程中的不断循环与周转。供应过程是生产资料的采购过程,为产品的生产做准备;生产过程是将材料投入生产并加工成新产品的过程;销售过程是实现产品的使用价值和价值的过程。投入的资金经过储备资金形态、成品资金形态,又回到货币资金形态,一部分以税金的形式上缴国家、一部分以股利形式分配给股东,其余部分又重新投入生产经营过程,进行下一轮的循环运动。至此,资金完成了一个循环周转过程。

资金的退出包括偿还各项债务、上缴各项税金、向所有者分配利润等,这部分资金离开本企业,退出本企业的资金循环与周转。

(八)会计核算方法

会计核算方法是全面、连续和系统地对经济业务进行记录和计算,为经营管理提供必要的信息所运用的方法,主要由以下七种专门方法组成。

1. 设置账户

设置账户是指对会计对象要素的具体内容行进行归类、核算和监督的一种专门方法。会计对象要素的内容是复杂多样的,要对会计对象要素所包含的经济内容进行系统的核算和监督,就需要对它们进行科学的分类,以便取得各种不同性质的核算指标。

2. 复式记账

复式记账是对每一项经济业务,以相等的金额,同时在两个或两个以上相互联系的账户中进行登记的一种专门方法。

【训练1-3·案例分析】 以银行存款购进一批原材料,价值为50 000元。

在记账时,同时记原材料增加50 000元,银行存款减少50 000元,这就是复式记账。

如果只记录银行存款减少50 000元,就是单式记账。

 动脑筋

复式记账和单式记账,哪种记账方法更好呢?

3. 填制和审核会计凭证

会计凭证是记录经济业务、明确经济责任的书面证明,也是登记账簿的依据。每一项经济业务都要取得或填制会计凭证,并加以审核,作为登记账簿的依据。通过凭证的填制和审核,可以提供既真实可靠又合理合法的会计凭证,从而保证会计核算的质量。

4. 登记账簿

登记账簿是在账簿中连续地、完整地、科学地记录和反映经济活动及财务收支的一种方法。登记账簿必须以凭证为依据,利用账户和复式记账的方法,把经济业务分门别类地登记到账簿中,并定期进行结账和对账,为编制财务会计报告提供完整且系统的会计信息资料。

5.成本计算

成本计算是按照一定的成本对象对生产经营过程中所发生的成本、费用进行归集,以确定各对象的总成本和单位成本的一种专门方法。准确计算成本可以掌握成本构成情况,考核成本计划的完成情况,对于降低成本具有重要的作用。

6.财产清查

财产清查是通过盘点实物、核对往来款项以查明财产实存数的一种专门方法。为保证会计记录的正确可靠,保证账实相符,必须定期或不定期地对各项财产物资、往来款项进行清查。如发现账实不符,应查明原因,明确责任,调整账面记录,使账存数与实存数一致。

7.编制财务会计报告

编制财务会计报告是以书面报告的形式,定期总括反映生产经营活动的财务状况和经营成果的一种专门方法。财务会计报告主要是根据账簿记录,经过加工整理而产生的一套完整的指标体系。财务会计报告所提供的各项指标是企业单位经济活动中最重要的会计信息。

上述会计核算的各种专门方法构成一个完整的方法体系。为科学地组织会计核算,实行日常的会计监督,必须全面、互相联系地应用这些专门方法。也就是说,对于日常所发生的各项经济业务,要填制和审核会计凭证;按照规定的账户,运用复式记账法记入有关账簿;对于经营过程中发生的各项费用,应当进行成本计算;一定时期终了,通过财产清查,在账证相符、账账相符、账实相符的基础上,根据账簿记录,编制财务会计报告。

（九）会计核算的基本前提

会计核算的基本前提是组织会计核算工作应当具备的前提条件,是根据正常情况或客观需要,在空间范围、时间界限、计量方式上对会计核算中的一些重要因素所做的一些合乎情理的限制和规定,又称为会计假设。

我国《企业会计准则》规定的会计核算的基本前提包括会计主体、持续经营、会计期间和货币计量四项。

1.会计主体

会计主体是指会计工作为之服务的经济组织和责任实体,即企业应当对其本身发生的交易或者事项进行会计确认、计量和报告。会计主体界定了从事会计工作和提供会计信息的空间范围。对于会计人员来说,首先需要确定会计核算的范围,明确哪些经济活动应当予以确认、计量和报告,哪些不应包括在其核算的范围内,也就是要确定的会计主体。

2.持续经营

持续经营是指会计主体在可预见的未来,将根据正常的经营方针和既定的经营目标持续经营下去,即在可预见的未来,该会计主体不会破产清算,所持有的资产将正常营运,所负有的债务将正常偿还。

3.会计期间

会计期间是指人为地将企业的全部经营期划分为相等的时间段落,以便分期结算账目和编制财务会计报告。

我国《企业会计准则》将会计期间分为年度、半年度、季度和月度。年度、半年度、季度和月度的起讫日期采用公历日期,即会计年度与公历年度相同,从1月1日开始到12月31日为止。半年度、季度和月度均称为会计中期。

4. 货币计量

货币计量是指会计核算以货币作为统一的计量尺度,而且假设货币本身的价值是稳定的。我国会计核算应当以人民币作为记账本位币,业务收支以外币为主的企业也可以选定某种外币作为记账本位币,但向有关方面编送的财务会计报告中应当折算为人民币反映。

【训练1-4·单选题】 界定从事会计工作和提供会计信息空间范围的基本前提是(　　)。

A. 会计主体　　　　B. 持续经营　　　　C. 会计期间　　　　D. 货币计量

【训练1-5·判断题】 货币是会计核算的唯一计量单位(　　)。

【解析】 会计核算以货币作为主要计量单位,除货币外,还有实物计量单位,如吨、件等。

(十) 会计信息的质量要求

1. 可靠性

可靠性要求企业以实际发生的交易或者事项为依据进行确认、计量和报告,如实反映符合确认和计量要求的各项会计要素及其他相关信息,保证会计信息真实可靠、内容完整。

2. 相关性

相关性要求企业提供的会计信息与财务报告使用者的经济决策需要相关,有助于财务报告使用者对企业过去、现在或者未来的情况做出评价或者预测。

3. 可理解性

可理解性要求企业提供的会计信息清晰明了,便于财务报告使用者理解和使用。

4. 可比性

可比性要求企业提供的会计信息具有可比性,具体包括下列要求。

(1) 同一企业不同时期发生的相同或者相似的交易或者事项,采用一致的会计政策,不得随意变更。

(2) 不同企业同一会计期间发生的相同或者相似的交易或者事项,采用规定的会计政策,确保会计信息口径一致、相互可比。

5. 实质重于形式

实质重于形式要求企业按照交易或者事项的经济实质进行会计确认、计量和报告,不应仅以交易或者事项的法律形式为依据。

6. 重要性

重要性要求企业提供的会计信息反映与企业财务状况、经营成果和现金流量有关的所有重要交易或者事项。

7. 谨慎性

谨慎性要求企业对交易或者事项进行会计确认、计量和报告时保持应有的谨慎,不高估资产或者收益、低估负债或者费用。

8. 及时性

及时性要求企业对于已经发生的交易或者事项,及时进行确认、计量和报告,不得提前或者延后。

【训练1-6·单选题】 要求企业以实际发生的交易或者事项为依据进行确认、计量和报告的会计信息质量要求是(　　)。

A. 相关性　　　　B. 可靠性　　　　C. 重要性　　　　D. 可理解性

（十一）会计核算基础

1. 权责发生制

权责发生制又称应收应付制,企业应当以权责发生制为基础进行会计确认、计量和报告。它是以款项收付是否应归属本期为标准,确定本期收入和费用的一种会计处理方法。凡是当期已经实现的收入和已经发生或应当负担的费用,不论款项是否收付,都应作为当期的收入和费用处理;凡是不属于当期的收入和费用,即使款项已经在当期收付,都不应作为当期的收入和费用处理。这种方法能够正确划分并确定各个会计期间的经营成果。

2. 收付实现制

收付实现制是以收到或支付现金作为确认收入和费用的依据的一种会计处理方法。收到现金时确认收入,支出现金时确认费用。目前,我国行政、事业单位部分业务采用收付实现制。

【训练 1-7·业务分析题】　2022 年 10 月,某公司当月销售产品并收到价款 50 万元,当月销售产品尚未收到价款的 20 万元的发票已开出,收到 9 月已销售产品价款 10 万元。请按照权责发生制和收付实现制分别确定本公司 10 月的销售收入。

【解析】　根据权责发生制和收付实现制的内涵分析确定。

以权责发生制为基础：　　10 月的销售收入＝50＋20＝70（万元）

以收付实现制为基础：　　10 月的销售收入＝50＋10＝60（万元）

▶ 任务实施

小张首先对本公司的基本情况、组织机构、产品生产流程、公司会计政策及核算方法等进行了深入的了解,同时对会计目标、对象、职能、核算方法、会计机构的设置、会计岗位的设置、会计工作的业务流程、会计的基本前提、会计信息的质量要求、会计核算的基础等进行了学习与巩固（内容如上）。

公司的基本情况：佳美家具有限公司（以下简称"佳美公司"）是一家生产衣柜、书柜的工业企业,营业执照规定的经营范围为产品生产、加工和销售。该公司位于哈尔滨市道里区南岗工业园区 366 号。该公司为一般纳税人,成立于 2018 年,投资人 2 人:王强出资 600 万元,占 60％股份;李明出资 400 万元,占 40％股份。王强为法人代表。

公司的组织机构：佳美公司设有办公室、财务部、销售部、采购部、生产车间、仓储部、人力资源部。

公司产品的生产流程：原材料和辅助材料生产开始时一次性投入,半成品不入库而是直接生产成产成品。佳美公司产品的生产流程如图 1-2 所示。

图 1-2　佳美公司产品的生产流程

　　公司的会计政策及核算方法：存货采用实际成本核算，原材料包括木材、板材、五金件等，辅助材料有专用黏合胶等，包装材料有包装袋和包装纸箱等；采用永续盘存制，年末成立清查小组，对存货进行盘点，提供"存货盘点报告表"，财务部据以记账。

　　职工薪酬：包括工资、职工福利费、三险一金、工会经费和职工教育经费、设定提存计划（养老保险），计提比例按照当地政策执行。

　　银行开户：公司有两个账户，一个是基本存款账户，开户行为中国工商银行南岗支行，用于现金收付、工资发放、提取现金、缴纳税款、往来结算、借款等业务；另一个是住房公积金账户，开户行为中国建设银行道里支行，用于住房公积金的缴存。

　　会计职业的新认识：大数据、云计算时代的会计人员，需要的不仅仅是会计的基本理论与基本技能，还需要以此为基础，用管理的思维与能力为企业服务。所以我们应和小张一起，努力学习，掌握过硬的会计专业技能，形成科学的管理思维，为后续课程学习与个人职业发展助力。

▶ **任务训练**

　　训练目的：深入理解会计核算方法。

　　训练要求：填写表 1-1，每名同学独立完成。

表 1-1　会计核算方法

会计核算方法		对方法内涵的理解
序号	方法名称	
1		
2		
3		
4		
5		
6		
7		
会计核算方法之间的关系		

任务二　会计要素和会计等式认知

▶ **任务描述**

　　要做好会计工作，必须熟悉会计工作的对象，我们和小张一起来学习会计对象是如何分类的吧。具体从以下三方面来学习。

　　（1）反映企业财务状况的资产、负债、所有者权益三大会计要素及其等式。

　　（2）反映企业经营成果的收入、费用、利润三大会计要素及其等式。

（3）不同业务类型对会计等式的影响方向及金额。

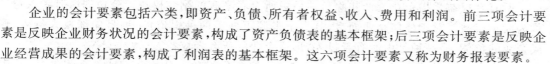

一、会计要素

会计要素是会计对象按经济特征所做的最基本分类,是会计核算对象的具体化。

企业的会计要素包括六类,即资产、负债、所有者权益、收入、费用和利润。前三项会计要素是反映企业财务状况的会计要素,构成了资产负债表的基本框架;后三项会计要素是反映企业经营成果的会计要素,构成了利润表的基本框架。这六项会计要素又称为财务报表要素。

（一）资产

资产是企业过去的交易或者事项形成的、由企业拥有或者控制的、预期会给企业带来经济利益的资源。

资产按其流动性大小或变现能力的强弱可以分为流动资产和非流动资产。

1. 流动资产

流动资产是指预计在一年内或超过一年的一个营业周期内变现、出售或耗用,或者为交易目的而持有的资产,主要包括库存现金、银行存款、交易性金融资产、应收账款、应收票据、预付账款、应收利息、应收股利、其他应收款、库存商品、周转材料等。

2. 非流动资产

流动资产以外的资产均为非流动资产。非流动资产主要包括长期股权投资、固定资产、在建工程、工程物资、无形资产等。

【训练 1-8·业务分析题】　佳美公司有两台设备 A 和 B,其中设备 A 型号较老,自设备 B 投入使用后,设备 A 一直未再使用,设备 B 是设备 A 的替代品,目前已承担该工序的全部生产任务。问:设备 A 和设备 B 是否都可以作为该公司的固定资产?

【解析】　由于设备 A 已不能为企业带来经济利益,不符合资产的特征,故不能作为企业的固定资产。

【训练 1-9·多选题】　下列项目中属于流动资产的有(　　　)。

A. 应收账款　　　　B. 应付账款　　　　C. 预付账款　　　　D. 固定资产

（二）负债

负债是企业过去的交易或者事项形成的,预期会导致经济利益流出企业的现时义务。现时义务是指企业在现行条件下已承担的义务。

负债按其流动性的大小或偿还期限的长短可以分为流动负债和非流动负债。

1. 流动负债

流动负债是指预计在一年内或超过一年的一个营业周期内清偿或主要为交易目的而持有的负债,主要包括应付票据、应付账款、短期借款、预收账款、应付职工薪酬、应付股利、应交税费、其他应付款等。

2. 非流动负债

除上述流动负债以外的其他负债都属于非流动负债,如应付债券、长期借款、长期应付款等。

【训练 1-10·多选题】 下列选项中属于流动负债的有（   ）。

A. 应付账款　　　　B. 预付账款　　　　C. 预收账款　　　　D. 应付职工薪酬

【训练 1-11·多选题】 下列选项中属于非流动负债的有（   ）。

A. 应付票据　　　　B. 应付债券　　　　C. 应付股利　　　　D. 长期应付款

（三）所有者权益

所有者权益是指企业资产扣除负债后由所有者享有的剩余权益。公司的所有者权益又称为股东权益。对于任何企业而言，其资金来源不外乎两种渠道：一种是向债权人借入，形成企业的负债；另一种是由所有者投入，形成企业的所有者权益。

所有者权益通常包括实收资本、资本公积、盈余公积和未分配利润四个项目。其中，资本公积包括企业收到的投资者出资超过其在注册资本中或股本中所占份额的部分，以及直接计入所有者权益的利得和损失。

利得是指由企业非日常活动所形成的、会导致所有者权益增加的、与所有者投入资本无关的经济利益的流入。

损失是指由企业非日常活动所形成的、会导致所有者权益减少的、与所有者利润分配无关的经济利益的流出。

盈余公积是指企业按税后利润的一定比例提取的法定盈余公积，以及按投资人确定的比例从税后利润中计提的任意盈余公积。

未分配利润是指企业历年结存的尚未分配的利润。盈余公积和未分配利润又合称留存收益。

【训练 1-12·多选题】 下列各项中影响所有者权益的有（   ）。

A. 投资者投入的资本　　　　　　　　B. 企业的盈利水平

C. 资本溢价　　　　　　　　　　　　D. 借入的款项

（四）收入

收入是指企业在日常活动中发生的、会导致所有者权益增加的、与所有者投入资本无关的经济利益的总流入。

收入按经营业务的主次可分为主营业务收入和其他业务收入。

1. 主营业务收入

主营业务收入是企业通过日常活动中的主要经营活动获得的收入，如工商企业销售商品形成的收入，房地产销售企业销售房产取得的收入，运输企业提供运输服务取得的收入。

2. 其他业务收入

其他业务收入是主营业务以外的其他日常活动所取得的收入，如工业企业销售材料、出租固定资产、无形资产取得的租金收入。

【训练 1-13·单选题】 下列各项中不属于收入要素的是（   ）。

A. 固定资产出租收入　　　　　　　　B. 固定资产出售收入

C. 销售材料的收入　　　　　　　　　D. 提供劳务的收入

【训练 1-14·多选题】 下列各项中不会引起收入增加的有（   ）。

A. 罚款收入　　　　　　　　　　　　B. 变卖报废设备

C. 出售专有技术所有权　　　　　　　D. 取得投资人投入的资金

（五）费用

费用是指企业在日常活动中发生的、会导致所有者权益减少的、与向所有者分配利润无关的经济利益总流出。

费用按与收入的关系可分为营业成本和期间费用。

1.营业成本

营业成本是指销售商品或提供劳务的成本。营业成本按照其销售商品或提供劳务在企业日常活动中所处地位可以分为主营业务成本和其他业务成本。

2.期间费用

期间费用包括管理费用、销售费用和财务费用。

（1）管理费用是企业行政管理部门为组织和管理生产经营活动而发生的费用。

（2）销售费用是企业在销售商品过程中发生的费用，以及专设销售机构的各项经费。

（3）财务费用是企业筹集生产经营所需资金而发生的费用。

【训练1-15·多选题】 下列各项中属于费用要素的有（　　）。

A.制造费用　　　　B.研发支出　　　　C.财务费用　　　　D.预付账款

（六）利润

利润是指企业在一定会计期间的经营成果。利润包括收入减去费用后的净额、直接计入当期利润的利得和损失等。利润由营业利润、利润总额和净利润三部分构成。

【训练1-16·多选题】 下列各项中反映企业经营成果的会计要素有（　　）。

A.利润　　　　B.收入　　　　C.所有者权益　　　　D.费用

【训练1-17·多选题】 下列各项中影响利润总额的有（　　）。

A.直接计入当期损益的利得或损失　　　　B.费用

C.直接计入所有者权益的利得或损失　　　　D.收入

二、会计等式

（一）六大会计要素的关系

1.资产、负债和所有者权益的关系

$$资产＝权益＝债权人权益＋所有者权益$$

$$资产＝负债＋所有者权益$$

上述等式称为会计基本等式，也称会计恒等式、第一会计等式。它直接反映资产负债表中资产、负债及所有者权益三要素之间的内在联系和数量关系，概括出企业在一定时点上的财务状况。在会计基本等式中，负债和所有者权益的位置不得前后颠倒。

2.收入、费用和利润的关系

$$收入－费用＝利润$$

这一等式可称为第二会计等式，它既是资金运动的动态表现，也是编制利润表的依据。

3.扩展的会计等式

收入减去费用等于利润，利润归属于所有者权益。若企业赚得利润，将使所有者权益增加，相应的资产也会增加；若企业发生经营亏损，将使所有者权益减少，相应的资产也会减少。也就是说，企业实现的利润归所有者所有，企业发生的亏损也由所有者负担。因此，第三个会计等式为

会计等式

$$资产＝负债＋所有者权益＋(收入－费用)$$
$$资产＋费用＝负债＋所有者权益＋收入$$

【训练 1-18·单选题】 下列选项中属于会计等式的是(　　)。

A. 收入－成本＝利润　　　　　　B. 资产＝权益

C. 资产－负债＝权益　　　　　　D. 期初余额＋本期增加额－本期减少额＝期末余额

(二) 交易或事项对会计等式的影响

某公司 2022 年年初会计等式为

$$资产＝负债＋所有者权益$$
$$900＝600　＋300$$

假定 2022 年发生以下有代表性的九笔业务。

【业务 1】 1 月 2 日,企业收到所有者追加的投资 100 万元,款项已存入银行(资产与所有者权益同时等额增加)。

$$资产＝负债＋所有者权益$$
$$900＝600　＋300$$
$$＋100＝　　＋100$$

1 月末,资产总额为 1 000 万元,权益总额为 1 000 万元,其中负债 600 万元,所有者权益 400 万元。

【业务 2】 2 月 5 日,企业从银行取得借款 200 万元(资产与负债同时等额增加)。

$$资产＝负债＋所有者权益$$
$$1 000＝600　＋400$$
$$＋200＝　　＋200$$

2 月末,资产总额为 1 200 万元,权益总额为 1 200 万元,其中负债 800 万元,所有者权益 400 万元。

业务 1 和业务 2 的发生引起资产与权益同时等额增加,等式两边金额同时增加,变动后等式仍保持平衡。

【业务 3】 3 月 10 日,企业用银行存款归还银行借款 100 万元(资产与负债同时等额减少)。

$$资产＝负债＋所有者权益$$
$$1 200＝800　＋400$$
$$－100＝　　　－100$$

3 月末,资产总额为 1 100 万元,权益总额为 1 100 万元,其中负债 700 万元,所有者权益 400 万元。

【业务 4】 4 月 10 日,投资人撤资 100 万元,企业用银行存款支付(资产与所有者权益同时等额减少)。

$$资产＝负债＋所有者权益$$
$$1 100＝700　＋400$$
$$－100＝　　　－100$$

4 月末,资产总额为 1 000 万元,权益总额为 1 000 万元,其中负债 700 万元,所有者权益 300 万元。

业务 3 和业务 4 的发生引起等式两边金额同时减少,减少金额相等,变动后等式仍保持平衡。

【业务 5】 5 月 15 日,企业用银行存款 10 万元购买一台设备(资产内部等额一增一减)。

$$资产＝负债＋所有者权益$$
$$1\ 000＝700\ \ ＋300$$
$$＋10－10＝不变$$

5 月末,资产总额为 1 000 万元,权益总额也是 1 000 万元,其中负债 700 万元,所有者权益 300 万元。

该经济业务的发生引起等式左边即资产内部的项目此增彼减,增减的金额相同,变动后资产的总额不变,等式仍保持平衡。

【业务 6】 6 月 28 日,企业将已到期但无力支付的应付票据 30 万元转为应付账款(负债内部等额一增一减)。

$$资产＝负债＋所有者权益$$
$$1\ 000＝700\ \ ＋300$$
$$不变＝－30＋30$$

6 月末,资产总额为 1 000 万元,权益总额为 1 000 万元,其中负债 700 万元,所有者权益 300 万元。

【业务 7】 7 月 30 日,企业将资本公积 30 万元转为投资人的投资(所有者权益内部等额一增一减)。

$$资产＝负债＋所有者权益$$
$$1\ 000＝700\ \ ＋300$$
$$不变＝－30＋30$$

7 月末,资产总额为 1 000 万元,权益总额为 1 000 万元,其中负债 700 万元,所有者权益 300 万元。

【业务 8】 8 月 10 日,企业将欠银行的借款 100 万元转为银行向企业的投资(负债与所有者权益等额减增)。

$$资产＝负债\ ＋所有者权益$$
$$1\ 000＝700\ \ ＋300$$
$$不变＝－100＋100$$

8 月末,资产总额为 1 000 万元,权益总额为 1 000 万元,其中负债 600 万元,所有者权益 400 万元。

【业务 9】 9 月 15 日,企业宣告分派利润 1 万元(负债与所有者权益等额增减)。

$$资产＝负债＋所有者权益$$
$$1\ 000＝600\ \ ＋400$$
$$不变＝＋1\ \ －1$$

9 月末,资产总额为 1 000 万元,权益总额为 1 000 万元,其中负债 601 万元,所有者权益 399 万元。

业务 6 至业务 9 的发生引起等式右边负债内部项目此增彼减,或所有者权益内部项目此增彼减,或负债与所有者权益项目之间此增彼减。变动后资产和权益的总额不变,等式仍保持平衡。九笔具体业务引起的变化及对会计等式的影响如表 1-2 所示。

表 1-2　九笔具体业务引起的变化及对会计等式的影响

具 体 业 务	引起的变化	对会计等式的影响
(1) 一项资产增加、一项负债等额增加的经济业务 (2) 一项资产增加、一项所有者权益等额增加的经济业务	左右两侧同加	等式两边总额增加
(3) 一项资产减少、一项负债等额减少的经济业务 (4) 一项资产减少、一项所有者权益等额减少的经济业务	左右两侧同减	等式两边总额减少
(5) 一项资产增加、一项资产等额减少的经济业务	左侧有增有减	等式两边总额不变
(6) 一项负债增加、一项负债等额减少的经济业务 (7) 一项所有者权益增加、一项所有者权益等额减少的经济业务 (8) 一项所有者权益增加、一项负债等额减少的经济业务 (9) 一项负债增加、一项所有者权益等额减少的经济业务	右侧有增有减	等式两边总额不变

【训练 1-19 · 单选题】　企业用银行存款购入原材料,原材料入库,表现为(　　　)。

A. 一项资产增加,另一项资产减少,资产总额不变

B. 一项资产增加,另一项资产减少,资产总额增加

C. 一项资产增加,另一项负债增加

D. 一项资产减少,另一项负债减少

不论哪一项交易或事项发生后,均未破坏资产与负债、所有者权益总额的平衡关系。会计等式揭示了会计具体对象各要素之间的内在联系。实际工作中,企业每天实际发生的交易或事项要复杂得多,但无论交易或事项怎样变动,都不会破坏资产与权益的平衡关系,会计等式恒等。

▶ **任务实施**(可采用考核与训练案例)

(1) 能熟练识别会计要素,给出业务事项,能准确分出属于哪一类会计要素。

(2) 熟练记忆两个基本会计等式和扩展会计等式。

(3) 任意举出一个常见业务事项,根据业务事项结合会计等式可以说出相关会计要素的增减变动方向及对会计等式两边总额的影响。

▶ **任务训练**

训练目的:熟悉具体业务事项涉及的会计要素种类和名称,掌握会计要素增减变动对会计等式两边总额的影响。

训练内容:假如万恒公司 2022 年 6 月末的资产总额为 198 000 元,负债为 62 000 元,所有者权益为 136 000 元,2022 年 7 月发生了如下业务。

(1) 收到银行借入的 100 000 元五年期借款,存入银行。

(2) 收到购货单位归还的前欠货款 12 000 元,存入银行。

(3) 收到投资者投入的设备一台,价值 36 000 元。

(4) 从银行提取现金 16 800 元,备发工资。

（5）以银行存款 30 000 元归还短期借款。

（6）以银行存款 3 000 元缴纳应交税金。

（7）以银行存款 18 600 元偿还前欠购料款。

（8）借入归还期为九个月的借款 16 000 元，归还之前欠 B 公司的货款。

训练要求：

（1）将各业务涉及的会计要素增减金额填入表 1-3 对应栏内。

（2）计算三大会计要素的期末余额。

（3）验证三大会计要素之间的关系。

表 1-3　三大会计要素增减变动

业务序号	三大会计要素期初余额及各业务涉及要素的变化（单位：元）		
	资产总额 198 000	负债 62 000	所有者权益 136 000
1			
2			
3			
4			
5			
6			
7			
8			
合计			
期末			

任务三　会计科目和会计账户认知

任务描述

　　会计对象基本分类为会计要素，要想全面、清晰地反映每一要素的增减变化，还应将会计要素具体分类为会计科目，以会计科目为名称开设账户。我们和小张一起从以下三方面来学习吧。

（1）会计科目的种类和企业常用的会计科目的名称。

（2）会计账户的种类和账户的基本结构。

（3）会计账户期初、本期增减发生额、期末余额之间的关系。

会计科目

知识引导

一、会计科目

会计科目是指对会计要素的具体内容进行分类的项目,也就是对各项会计要素在科学分类的基础上所赋予的名称。例如,为满足生产经营的需要,企业要存有一定数量的现金,所以应设置"库存现金"这一会计科目。

(一)会计科目的设置

会计科目必须根据企业会计准则和国家统一的会计制度设置和使用,设置会计科目一般应遵循下列基本原则。

1. 合法性原则

为保证会计信息的可比性,企业所设置的会计科目应当符合有关会计法规的规定,特别是企业会计准则应用指南中对会计科目的规定。在不影响对外提供统一财务报表的前提下,企业可以根据实际情况自行增设、减少或合并某些会计科目。例如,商品流通企业主要是进行产品的购进和销售,因此不应设置"制造费用"和"生产成本"账户。

2. 相关性原则

为提供有关各方面所需要的会计信息服务,满足对外报告与对内管理的要求,会计科目的设置要充分考虑会计信息使用者对本企业会计信息的需要设置会计科目,以提高会计信息的相关性,满足相关各方的信息需求。

3. 独立性和稳定性原则

每一个会计科目都应有明确的含义,体现特定的经济内容,各个会计科目所反映的经济内容要有严格的界限,其核算内容具有独立性,不能相互混淆。同时,为便于不同时期的会计资料进行对比分析,会计科目应保持相对稳定,以便在一定时期内综合汇总并在不同时期对比分析其所提供的核算资料。

4. 全面性原则

由于会计科目是会计核算的具体分类,因此会计科目的设置必须能够提供全面反映会计核算对象的内容。会计科目的设置应能够覆盖一个单位的全部交易或事项,即所有的交易或事项都必须有相应的会计科目来归集与核算。

【训练 1-20·单选题】 下列关于设置会计科目原则的表述中正确的是(　　　)。

A. 相关性是指设置的会计科目应当符合国家统一的会计制度规定

B. 相关性是指设置的会计科目应当为提供有关各方面所需要的会计信息服务,满足对外报告与对内管理的要求

C. 合法性是指设置的会计科目应当为提供有关各方所需要的会计信息服务,满足对外报告和对内管理的要求

D. 实用性是指设置的会计科目应当符合单位自身特点,满足单位的实际需要

常见的会计科目如表 1-4 所示。

表 1-4 会计科目表

（一）资产类	无形资产
库存现金	累计摊销
银行存款	无形资产减值准备
其他货币资金	商誉
交易性金融资产	长期待摊费用
应收票据	递延所得税资产
应收账款	待处理财产损溢
预付账款	（二）负债类
应收股利	短期借款
应收利息	应付票据
其他应收款	应付账款
坏账准备	预收账款
材料采购	合同负债
在途物资	应付职工薪酬
原材料	应交税费
材料成本差异	应付股利
库存商品	应付利息
发出商品	其他应付款
商品进销差价	递延收益
委托加工物资	长期借款
存货跌价准备	应付债券
合同资产	未确认融资费用
长期股权投资	预计负债
长期股权投资减值准备	递延所得税负债
投资性房地产	（三）共同类
长期应收款	（略）
未实现融资收益	（四）所有者权益类
固定资产	实收资本（股本）
累计折旧	资本公积
固定资产减值准备	盈余公积
在建工程	其他综合收益
工程物资	本年利润
固定资产清理	利润分配

续表

库存股	管理费用
（五）成本类	财务费用
生产成本	信用减值损失
制造费用	资产减值损失
研发支出	投资收益
（六）损益类	公允价值变动损益
主营业务收入	资产处置损益
其他业务收入	其他收益
主营业务成本	营业外收入
其他业务成本	营业外支出
税金及附加	所得税费用
销售费用	以前年度损益调整

注：上述会计科目仅为制造企业常用的会计科目。

（二）会计科目的分类

1. 按会计科目所反映的经济内容分类

会计科目按其所反映的经济内容不同，一般可分为资产类、负债类、共同类、所有者权益类、成本类和损益类。

【训练 1-21·多选题】 下列选项中属于流动负债科目的有（　　　）。

A. 短期借款　　　　B. 长期借款　　　　C. 应付账款　　　　D. 预付账款

【训练 1-22·多选题】 按经济内容分类，下列属于损益类科目的有（　　　）。

A. 主营业务成本　　B. 生产成本　　　　C. 制造费用　　　　D. 管理费用

【训练 1-23·多选题】 下列选项中属于成本类科目的有（　　　）。

A. 其他业务成本　　B. 主营业务成本　　C. 劳务成本　　　　D. 研发支出

2. 按会计科目所提供指标的详细程度分类

会计科目按其所提供指标的详细程度不同，一般可分为总分类科目（一级科目）和明细分类科目，明细分类科目又可分为二级科目和三级科目。

（1）总分类科目又称总账科目，是对会计要素的具体内容进行总括分类的会计科目，它反映的是各项经济业务的总括情况。表 1-2 所列示的会计科目都是总分类科目。

（2）二级科目又称子目，是指对一级科目所反映的经济内容进行较为详细分类的会计科目。例如，制造企业中的"原材料"科目属于一级科目，为详细核算材料的类别，应该在"原材料"科目下设置"原料及主要材料""辅助材料""燃料"等二级科目。

（3）三级科目又称细目，是指对二级科目所反映的经济内容进一步详细分类的会计科目。例如，"原材料"属于一级科目，"原料及主要材料"属于二级科目，在此二级科目下还可以按材料的品种或规格等再分设明细科目，如"甲材料""乙材料"等属于三级科目。

会计科目按其所提供指标的详细程度分类，有助于了解会计科目所反映的具体经济内容，但是并不是所有的一级科目都需要分设二级科目和三级科目，企业可以根据管理需要来设置总分类科目和明细分类科目。

【训练1-24·多选题】 下列科目中属于三级科目的有( )。

A. 应交税费——应交增值税（销项税额）

B. 应交税费

C. 应交税费——应交增值税

D. 应交税费——应交增值税（进项税额）

二、会计账户

会计账户

账户是指根据会计科目开设的，具有一定结构，用于系统、连续地记录各项交易或事项的发生情况，反映会计要素增减变动及其结果的一种工具。各单位必须依据会计科目开设账户，有什么样的会计科目就开设什么样的账户。

（一）账户的结构

1. 账户的基本结构

账户的具体格式如表1-5所示。

表1-5　账户的具体格式

年		凭证		摘　要	左方 （增加或减少）	右方 （减少或增加）	余额
月	日	种类	编号				

账户的基本结构：账户名称（会计科目）；日期（所依据的记账凭证中注明的日期）；凭证字号（所依据的记账凭证编号）；摘要（经济业务的简要说明）；金额（增加额、减少额和余额）。

会计要素在特定会计期间增加和减少的金额分别称为账户的"本期增加发生额"和"本期减少发生额"，二者统称为账户的"本期发生额"。

会计要素在会计期末的增减变动结果称为账户的"余额"，具体表现为"期初余额"和"期末余额"。账户余额通常与增加额在同一方向。

账户上期的期末余额转入本期，即为本期的期初余额；账户本期的期末余额转入下期，即为下期的期初余额。

四个金额要素之间的关系为

本期期末余额＝本期期初余额＋本期增加发生额－本期减少发生额

例如，"应收账款"账户的月初余额为1 000元，销售货款未收6 000元，收回货款4 000元，则月末余额为3 000元。

期末余额＝期初余额＋本期增加发生额－本期减少发生额

3 000＝1 000＋6 000－4 000

【训练1-25·单选题】 "库存现金"账户的期初余额为66 000元，本期增加发生额为90 000元，本期减少发生额为76 000元，则该账户的期末余额为( )元。

A. 20 000　　　　B. 30 000　　　　C. 80 000　　　　D. 70 000

【训练 1-26·单选题】 "短期借款"账户的期初余额为 100 000 元,本期增加发生额为 80 000 元,本期减少发生额为 20 000 元,则该账户的期末余额为( )元。

A. 160 000 　　　B. 40 000 　　　C. 90 000 　　　D. 180 000

2. 账户的简化结构

账户的基本结构简化为 T 形账户就是简化结构,如图 1-3 所示。

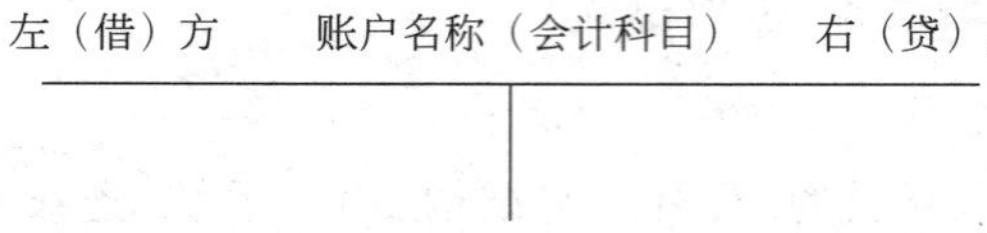

左(借)方　　　账户名称(会计科目)　　　右(贷)方

图 1-3　账户的简化结构

【训练 1-27·单选题】 下列关于账户的说法中正确的是( )。

A. 账户的期末余额等于期初余额

B. 余额一般与增加额在同一方向

C. 账户的左方发生额等于右方发生额

D. T 形账户分为增加方、减少方、余额方

(二)账户的分类

1. 按账户的经济内容分类

账户按其经济内容分类,可以划分为资产类账户、负债类账户、所有者权益类账户、成本类账户、损益类账户、共同类账户六大类。

(1)资产类账户是用于反映企业资产的增减变动及其结存情况的账户,按其流动性不同可分为流动资产账户和非流动资产账户。

(2)负债类账户是用于反映企业负债增减变动及其余额情况的账户,按偿还期限的长短可分为流动负债账户和非流动负债账户。

(3)所有者权益类账户是用于反映企业所有者权益增减变动及其余额情况的账户。

(4)成本类账户是用于归集生产费用,据以计算产品生产成本及研发费用的账户。

(5)损益类账户是用于反映与利润形成有直接关系的各项收入和各项费用的账户。

(6)共同类账户是用于核算资产、负债双重性质的账户,按共同类账户的余额方向分为反映资产的账户和负债的账户。

2. 按账户所提供指标的详细程度分类

账户按其所提供指标的详细程度分类,可以划分为总分类账户和明细分类账户。

(1)总分类账户是根据总分类科目开设的,它提供的是总括的核算指标,一般只用货币计量。

(2)明细分类账户是根据明细分类科目开设的,也是对经济业务的具体内容进行明细核算、提供详细核算资料的账户。明细分类账户还可以细分为二级明细分类账户和三级明细分类账户,可以参照会计科目的分类内容理解。

【训练 1-28·多选题】 下列各项中属于损益类账户的有( )。

A. 营业外收入 　　　B. 主营业务成本 　　　C. 本年利润 　　　D. 所得税费用

(三)会计科目与会计账户的关系

会计科目与会计账户是既有联系又有区别的两个概念。

1. 会计科目与会计账户的联系

会计科目是设置账户的依据,是会计账户的名称;会计账户是会计科目的具体运用,即会计科目所反映的经济内容就是会计账户所要登记的内容。

2. 会计科目与会计账户的区别

会计科目只是对会计要素具体内容的分类,本身没有什么结构,也无法提供任何数据;会计账户能对会计对象进行连续、系统的记录,能具体地反映会计要素的增减变动及结存情况,具有一定的结构和格式。因此,会计账户比会计科目的内容更丰富。

【训练1-29·多选题】　关于会计账户与会计科目的联系和区别,下列表述中正确的有(　　)。

A. 会计科目是会计账户的名称,会计账户是会计科目的具体运用

B. 会计科目与会计账户两者口径一致,性质相同

C. 会计科目不存在结构,会计账户则具有一定的格式和结构

D. 会计科目可以记录经济业务的增减变化及其结果

▶ **任务实施**

(1) 会计科目表中常用科目的熟练记忆(见会计科目表)。

(2) 会计账户的种类与会计科目的种类一致,会计账户的基本结构主要是指账户左方、右方和余额三栏。

(3) 熟练记忆四个金额要素之间的关系式:

本期期末余额＝本期期初余额＋本期增加发生额－本期减少发生额

▶ **任务训练**

训练目的:掌握账户类别、本期发生额和账户余额的关系。

训练内容:万恒公司2022年6月末有关账户的资料如表1-6所示(单位为元)。

表1-6　万恒公司账户发生额及余额表

账户名称	类别	期初余额	本期增加发生额	本期减少发生额	期末余额
银行存款		(　　)	33 000	16 000	32 100
库存商品		19 000	12 000	19 800	(　　)
原材料		11 000	(　　)	10 600	21 200
制造费用			1 500	(　　)	0
生产成本		46 300	15 800	(　　)	3 200
短期借款		(　　)	22 000	35 000	16 000
应付账款		6 680	2 120	4 160	(　　)
实收资本		200 000	(　　)	100 000	100 000
利润分配		26 100	15 300	(　　)	12 000

训练要求:根据上述资料,确定正确的类别,正确计算金额并填入括号内。

项 目 二

借贷记账法及其运用

学习目标

知识目标：

1. 掌握借贷记账法下账户的结构。
2. 掌握会计分录的编制方法及试算平衡表的编制方法。
3. 掌握企业筹资业务的内容及核算方法。
4. 掌握企业供应过程业务的内容及核算方法。
5. 掌握企业生产过程业务的内容及核算方法。
6. 掌握企业销售过程业务的内容及核算方法。
7. 掌握企业利润形成和其分配业务的内容及核算方法。
8. 掌握企业资金退出业务的途径及核算方法。

能力目标：

1. 能够识别会计账户的类别及其业务内容增减变化应记入的借、贷方向。
2. 能够识别企业的基本经济业务。
3. 能够根据企业的基本经济业务编制会计分录。
4. 能够根据企业的经济业务开设并登记 T 形账户。
5. 能够根据企业的会计资料编制试算平衡表。

素质目标：

1. 培养学生根据学习需要查阅资料的能力。
2. 培养学生全面思考问题的能力。
3. 培养学生良好的人际交往能力，能处理好与企业内外相关部门和人员的关系。

课程思政：

培养学生仔细认真、客观公正、严谨的工作态度；正确核算企业的收入、费用，依法纳税；公款不私存。

学习导图

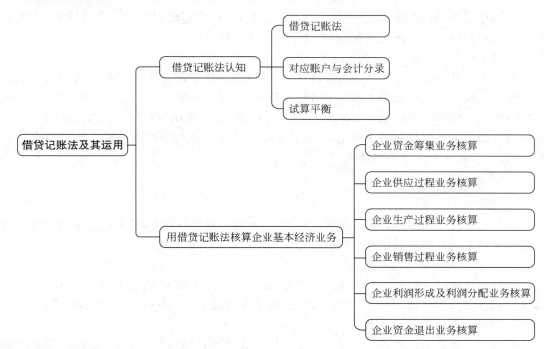

任务一　借贷记账法认知

任务描述

佳美公司2022年7月发生部分经济业务如下。

(1) 从银行提取现金1 000元。

(2) 以现金支付办公费800元。

(3) 销售商品取得收入150 000元,存入银行。

(4) 以银行存款偿还前欠亨达公司货款18 000元。

(5) 向北辰公司购进原材料16 000元,货款未付。

上述经济业务的发生会引起会计要素发生增减变动,小张应在哪些账户中进行记录? 采用什么样的记账方法? 如何记?

知识引导

一、借贷记账法

(一)记账方法

1. 单式记账法

单式记账法是对发生的每一项经济业务,只在一个账户中进行单方面记录的一种记账

借贷记账法
记账规则

方法。例如,以库存现金2000元支付水电费,只在"库存现金"账户中记录减少2000元,而对现金减少的去向——费用,则不通过有关账户进行记录。

单式记账方法记账简单,但是账户设置不完整,账户之间的记录没有直接联系,无法全面反映各项经济业务的来龙去脉,也不便于检查账户记录的正确性。

2. 复式记账法

复式记账法是对发生的每一项经济业务,都以相等的金额在相互联系的两个或两个以上的账户中同时进行记录的一种记账方法。例如,以库存现金2000元支付水电费,一方面在"库存现金"账户中登记减少2000元,另一方面在"管理费用"账户中登记增加2000元,库存现金减少的原因是支付了费用,从而如实反映经济活动的全过程和资金运动的来龙去脉,并便于检查账户记录的正确性。

(二)借贷记账法概述

1. 借贷记账法的概念

借贷记账法是指以"借""贷"作为记账符号,对每一项经济业务,都要以相等的金额在两个或两个以上相互联系的账户中同时进行记录的一种复式记账法。

2. 借贷记账法的记账符号

借贷记账法以"借"和"贷"作为记账符号,账户的左方为借方,右方为贷方。对于一个具体账户而言,"借"和"贷"究竟哪个代表增加、哪个代表减少,要根据账户的性质来确定。

3. 借贷记账法的账户结构

账户的具体结构取决于其本身的性质。按照会计等式"资产+费用=负债+所有者权益+收入"把账户分为两类性质不同的账户。处于等式左边的资产和费用是一类,反映资金的使用形式,其借方记录增加,贷方记录减少;处于等式右边的负债、所有者权益和收入账户为一类,反映资金的来源渠道,其贷方记录增加,借方记录减少。

(1)资产、成本类账户的结构。其借方登记资产、成本的增加额,贷方登记资产、成本的减少额,账户的余额一般在借方,表示期末资产及在产品的实有数额,如图2-1所示。

借方	资产类、成本类账户	贷方
期初余额 本期增加额		本期减少额
期末余额		

图 2-1　资产、成本类账户的结构

资产、成本类账户期末余额=期初余额+本期借方发生额-本期贷方发生额

(2)负债、所有者权益类账户的结构。其贷方登记负债、所有者权益的增加额,借方登记负债、所有者权益的减少额,账户的余额一般在贷方,表示期末负债和所有者权益的实有数额,如图2-2所示。

借方	负债类、所有者权益类账户	贷方
本期减少额		期初余额 本期增加额
		期末余额

图 2-2　负债、所有者权益类账户的结构

负债、所有者权益类账户期末余额＝期初余额＋本期贷方发生额－本期借方发生额

（3）损益类账户的结构。损益类账户包括收入类账户和费用类账户。收入类账户的结构：贷方登记收入的增加额，借方登记收入的减少额及转出额，期末没有余额，如图 2-3 所示。费用类账户的结构：借方登记费用的增加额，贷方登记费用的减少额及转出额，期末没有余额，如图 2-4 所示。

图 2-3 收入类账户的结构

图 2-4 费用类账户的结构

4. 借贷记账法的记账规则

记账规则是指运用记账方法记录经济业务时所遵循的规则。借贷记账法的记账规则是**有借必有贷，借贷必相等**。这是指对于发生的每一笔经济业务，在一个或者几个账户中记借方，同时必须在另一个或另几个账户中记贷方，且记入借方的金额与记入贷方的金额是相等的。

【**例 2-1·业务题**】 佳美公司以银行存款 5 000 元归还已到期的短期借款。

这项交易应记入"银行存款"和"短期借款"两个账户。"银行存款"是资产类账户，减少额 5 000 元应记入该账户的贷方；"短期借款"是负债类账户，减少额 5 000 元应记入该账户的借方，体现了"有借必有贷，借贷必相等"的记账规则。借贷记账法的记账规则关系如图 2-5 所示。

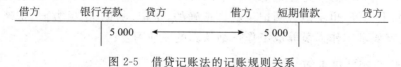

图 2-5 借贷记账法的记账规则关系

二、对应账户与会计分录

（一）对应账户

根据记账规则登记每项经济业务时，在有关账户之间都会形成应借、应贷的相互关系，这种关系被称为账户对应关系。发生对应关系的账户被称为对应账户。如例 2-1 中的"银行存款"与"短期借款"就是对应账户。

对应账户与
会计分录

（二）会计分录

根据某项经济业务应借、应贷账户及其金额所做的记录称为会计分录。实际工作中会计分录应编写到记账凭证上，根据记账凭证登记会计账簿。

1. 会计分录的编制步骤

（1）找账户。一项业务发生后，首先找到这项经济业务涉及的所有会计账户，且至少有

两个。

（2）确定账户性质。确定（1）涉及的账户是资产、费用，还是负债、所有者权益、收入中的哪个类别。

（3）辨明增减、确定借贷方向。根据业务分析每个账户是增加还是减少；结合账户性质确定记借方还是记贷方。

（4）确定金额。根据业务内容确定每个账户应记入的金额，再用记账规则检查分录中借、贷方金额是否相等。

2. 会计分录的写法

以例 2-1 中的业务为例，会计分录参照如下格式。

借：短期借款　　　　　5 000
　　贷：银行存款　　　　　5 000

会计分录有简单会计分录和复合会计分录两种：简单会计分录是只有一个账户借方和另一个账户贷方的会计分录，即一借一贷；复合会计分录是一借多贷、一贷多借或多借多贷的会计分录。

三、试算平衡

试算平衡

为检验和确保一定时期内所发生的经济业务在账户中登记的正确性，需要在会计期末完成账户的试算平衡。所谓试算平衡，是指根据资产与权益的恒等关系及借贷记账法的记账规则，检查所有账户记录是否正确的方法，包括账户发生额试算平衡和账户余额试算平衡。

（一）账户发生额试算平衡

账户发生额试算平衡是根据本期所有账户借方发生额合计与贷方发生额合计的恒等关系，检验本期发生额记录是否正确的方法。

全部账户本期借方发生额合计＝全部账户本期贷方发生额合计

如果出现不相等，必然是在记账过程中出现了差错，应当及时查找错误的原因，并及时予以更正。如果相等，也不能说明记录就是正确的，重记、漏记、记反方向、记错账户是检查不出来的，这就要求工作人员养成工作仔细认真的职业习惯。

（二）账户余额试算平衡

账户余额试算平衡是根据期末全部账户借方余额合计与贷方余额合计的恒等关系，检验本期账户记录是否正确的方法。

全部账户本期借方期初（末）余额合计＝全部账户本期贷方期初（末）余额合计

在实际工作中，这两种试算平衡是通过编制"发生额及余额试算平衡表"进行的，如表 2-1 所示。

任务实施

针对任务描述实施如下。

第一，佳美公司应采用的记账方法是借贷记账法。

第二，佳美公司 2022 年 7 月发生的部分经济业务，涉及的账户及在账户中的登记情况如下（以会计分录说明）。

表 2-1 发生额及余额试算平衡表

账户名称	期初余额		本期发生额		期末余额	
	借方	贷方	借方	贷方	借方	贷方
库存现金	2 700				2 700	
银行存款	74 100		162 000	180 000	56 100	
应收账款	42 000			12 000	30 000	
原材料	450 000				450 000	
库存商品	75 000				75 000	
固定资产	1 170 000		200 000		1 370 000	
短期借款		75 000	75 000	45 000		45 000
应付账款		45 000	75 000	226 000		196 000
预收账款		118 800				118 800
应付股利		30 000		15 000		45 000
应交税费				26 000		26 000
长期借款		1 035 000				1 035 000
实收资本		120 000	105 000	270 000		285 000
资本公积		300 000	90 000			210 000
盈余公积		90 000	15 000			75 000
合计	1 813 800	1 813 800	748 000	748 000	2 009 800	2 009 800

注:表中期初余额为上期期末结账后余额,本期发生额为本期业务涉及账户发生额的汇总金额,期末余额为本期期末结账后的余额,编制方法可见后续的"科目汇总表"。

  (1)借:库存现金   1 000
     贷:银行存款   1 000
  (2)借:管理费用   800
     贷:库存现金   800
  (3)借:银行存款   150 000
     贷:主营业务收入   150 000
  (4)借:应付账款   18 000
     贷:银行存款   18 000
  (5)借:原材料   16 000
     贷:应付账款   16 000

▶ **任务训练**

  训练目的:熟练掌握会计分录编制及 T 形账户的开设与登记。
  训练资料:万恒公司 2022 年 6 月 30 日总分类账户余额如表 2-2 所示。

表 2-2　2022 年 6 月 30 日总分类账户余额　　　　　　　　　　单位:元

账户名称	借方余额	账户名称	贷方余额
库存现金	2 500	短期借款	147 000
银行存款	70 000	应付账款	38 000
应收账款	25 000	应交税费	13 000
库存商品	58 500	实收资本	200 000
原材料	62 000		
固定资产	180 000		
合　计	398 000	合　计	398 000

该公司某月发生下列经济业务。

(1) 2 日,投资人兴发公司投入新设备一台,价值 80 000 元。

(2) 8 日,以银行存款支付上月未交税费款 13 000 元。

(3) 10 日,第一车间生产 A 产品领用原材料 35 000 元。

(4) 12 日,收到亨达公司前欠的货款 20 000 元,存入银行。

(5) 17 日,职工高洋出差预借差旅费 1 500 元,以现金支付。

(6) 25 日,向银行借入短期借款 20 000 元直接归还前欠北辰公司货款。

(7) 28 日,购入原材料 65 000 元,用银行存款支付。

训练要求:

(1) 根据上表开设总分类账户并登记期初余额(用 T 形账户)。

(2) 根据上述经济业务编制会计分录。

(3) 根据会计分录登记各账户。

(4) 期末结算各账户。

任务二　用借贷记账法核算企业基本经济业务

▶ 任务描述

　　小张要对佳美公司的筹资业务、供应过程业务、生产过程业务、销售过程业务、利润形成及其分配等业务内容与工作流程进行充分的熟悉,并根据经济业务,充分学习所要运用的会计科目和账务处理。我们和小张一起学习吧。

▶ 知识引导

一、企业资金筹集业务核算

　　资金筹集是企业进行生产经营活动的前提条件,是资金运动的起点。企业购建厂房设备、购买材料物资、支付职工薪酬、偿还到期债务、从事正常的生产经营活动,首先必须拥有一定量的资金。企业资金筹集的渠道有两个:一是投资者投入的资金;二是借入的资金。

资金筹集
业务核算1

（一）投资者投入资金的核算

【例 2-2·业务题】 2018 年佳美公司成立时，收到王强投入的货币资金 400 万元，存入银行；同时收到王强投入的固定资产，经评估确认价值为 200 万元；收到李明投入的专利权一项，经评估确认价值为 400 万元。

核算此笔业务涉及的主要账户有"固定资产""无形资产""实收资本"。

（1）"固定资产"账户是资产类账户，用于核算和监督企业固定资产原价的增减变动及结余情况。其借方记增加，贷方记减少。

固定资产（资产类）

期初余额 增加的固定资产原价	登记减少的固定资产原价
余额：企业现有固定 资产原价	

本账户按固定资产类别、使用部门和每项固定资产进行明细分类核算

（2）"无形资产"账户是资产类账户，用于核算和监督企业无形资产的增减变动及结余情况。其借方记增加，贷方记减少。

无形资产（资产类）

期初余额 无形资产的增加数	无形资产的减少数
余额：无形资产的实有数	

本账户按无形资产的项目设置明细账进行明细分类核算

（3）"实收资本"账户是所有者权益类账户，用于核算和监督投资者投入资本的增减变动及结余情况。其贷方记增加，借方记减少。

实收资本（所有者权益类）

因减资退还的资本金	期初余额 投资者投入企业的资本以及按规定用资本公积金、盈余公积金转增资本的数额
	余额：企业实际收到的资本数额

本账户按投资者的姓名或种类设置明细分类账户进行明细分类核算

本业务的会计分录如下。

借：银行存款　　　　　　　　　4 000 000
　　固定资产　　　　　　　　　2 000 000
　　无形资产　　　　　　　　　4 000 000
　　贷：实收资本——王强　　　　　　6 000 000
　　　　　　　——李明　　　　　　4 000 000

【例 2-3·业务题】 承上题，2020 年 12 月，假如万恒有限责任公司愿意加入该企业，经协商该企业出资 250 万元，将注册资本增加到 1 200 万元，在注册资本中占有的份额为 200 万元。

核算此笔业务涉及"资本公积"账户。该账户属于所有者权益类账户,用于核算和监督企业资本公积的增减变动及结余情况。其贷方记增加,借方记减少。

资本公积(所有者权益类)

资本公积转增资本数	期初余额 资本公积的形成数	本账户按资本公积的项目 设置明细账进行明细分类 核算
	余额:资本公积的结存数	

本业务的会计分录如下。

借:银行存款　　　　　　　　　　　2 500 000

　贷:实收资本——万恒有限责任公司　2 000 000

　　资本公积——资本溢价　　　　　　 500 000

(二)借入资金的核算

企业资金筹集业务核算2

企业为进行生产经营活动,除要吸收投资人的投资以外,还需向银行或非银行金融机构借款。企业的借款按偿还时间的长短分为短期借款和长期借款:短期借款主要用于企业生产经营周转对资金的需要,偿还期限在一年(含一年)以内,形成流动负债;长期借款主要用于增添大型设备、购置房地产、进行技术改造等,偿还期限在一年以上,形成非流动负债。此处,先只学习短期借款。

短期借款(负债类)

归还的短期借款数额	期初余额 取得的短期借款数额	按短期借款的种类、贷款 银行设置明细账户进行明 细分类核算
	余额:尚未归还的借款数额	

【例2-4·业务题】 2022年12月1日,佳美公司向银行借入生产经营资金200 000元,年利率为6%,期限为6个月,到期一次性还本付息,利息按月计提,款项已存入银行。

核算此笔业务涉及"短期借款"账户。该账户属于负债类账户,用于核算和监督企业短期借款的借入和归还情况。其贷方记增加,借方记减少。本业务的会计分录如下。

借:银行存款　　　　　　　　　　　200 000

　贷:短期借款　　　　　　　　　　　200 000

2022年12月31日,佳美公司计提当月借款利息＝200 000×6%÷12＝1 000(元)。

核算此笔业务涉及"财务费用"和"应付利息"账户。

"财务费用"账户是损益类账户,用于核算和监督企业为筹集生产经营所需资金等而发生的费用,包括利息支出(减利息收入)、汇兑损失(减汇兑收益)及相关的手续费等。其借方记增加,贷方记减少。

财务费用(损益类)

登记发生的利息支出、汇兑 损失及相关的手续费	登记利息收入、汇兑收 益及期末结转数	本账户按费用项目设置明 细账进行明细分类核算
无余额		

"应付利息"账户是负债类账户,用于核算企业按照合同约定应支付的利息。其贷方记增加,借方记减少。

应付利息(负债类)	
实际支付的利息	期初余额 按合同利率计算确定的应付未付利息
	余额:应付未付的利息

可按结算账户设置明细账

本业务的会计分录如下。

借:财务费用　　　　　　　　　　　　1 000
　贷:应付利息　　　　　　　　　　　　1 000

2023 年 1 月末、2 月末、3 月末、4 月末做上述相同的会计分录。

2023 年 5 月 31 日,上述借款到期,以银行存款偿还本息＝200 000＋1 000×6＝206 000(元),其会计分录如下。

借:短期借款　　　　　　　　　　　200 000
　应付利息　　　　　　　　　　　　5 000
　财务费用　　　　　　　　　　　　1 000
　贷:银行存款　　　　　　　　　　206 000

二、企业供应过程业务核算

供应过程是制造业企业经营活动的起点。在供应过程中,企业要用货币资金建造或够买厂房、机器设备和各种材料物资,完成生产准备过程。在这一过程中,企业要支付购买固定资产和材料物资的价税款,要支付采购费用,要与供货单位发生货款结算业务。资金形态由货币资金形态转化为储备资金形态。供应过程核算的内容主要包括固定资产购置和材料采购两个方面,还要计算固定资产成本和材料采购成本。

供应过程业务核算——外购原材料核算 1

(一)采购原材料核算

1. 材料采购成本的确定

材料采购成本是指企业物资从采购到入库前所发生的全部支出,包括购买价款(发票上列明的价款)、相关税费(进口关税、消费税、资源税和不能抵扣的增值税进项税额等)、运输费、装卸费、保险费、途中合理损耗、入库前的挑选整理费(工资、费用支出和必要的损耗扣除下脚料残值),以及其他可归属于采购成本的费用。

供应过程业务核算——外购原材料核算 2

【训练 2-1·计算题】 万恒公司为增值税一般纳税人,购入材料一批,增值税专用发票上标明的价款是 25 万元,增值税为 4 万元,另支付材料的保险费 2 万元、包装物押金 2 万元。该批材料的采购成本是(　　　)万元。

2. 账户设置

根据原材料是否验收入库、货款结算、增值税等业务内容,需要设置的账户有"在途物资""原材料""应交税费""应付账款""应付票据""预付账款"等账户。

(1)"在途物资"账户是资产类账户,用于核算企业采用实际成本法时外购材料的买价和采购费用,是计算和确定材料实际成本的账户。

在途物资（资产类）

期初余额 购入材料的买价和采购费用 余额：尚未入库的在途物资 实际成本	验收入库材料的实际成本

按材料的类别、品种或规格设置明细账，进行明细分类核算

（2）"原材料"账户是资产类账户，用于核算企业库存的各种材料，包括原料及主要材料、辅助材料、外购半成品、修理用备件、包装材料、燃料等的实际成本。

原材料（资产类）

期初余额 入库材料的实际成本 余额：库存材料的实际成本	发出材料的实际成本

按材料的类别、品种或规格设置明细账，进行明细分类核算

（3）"应交税费"账户是负债类账户，用于核算企业按照税法等规定计算应缴纳的各种税费，包括增值税、消费税、所得税、城市维护建设税、教育费附加等。

应交税费（负债类）

实际缴纳的各种税费 多交或尚未抵扣的税费	期初余额 计算应交未交税费 尚未缴纳的税费

按应交税费的类别设置明细账，进行明细分类核算

其中，"应交税费——应交增值税"账户用于核算企业增值税的发生、抵扣、缴纳等。

应交税费——应交增值税（负债类）

采购材料物资时，向供应单位支付的进项税额 余额：尚未抵扣的增值税	期初余额 企业销售商品时向购买单位收取的销项税额 余额：应缴纳的增值税

按应交增值税项目明细账，进行明细分类核算，如"进项税额""销项税额""已交税金"等

（4）"应付账款"账户是负债类账户，用于核算企业因购买材料、物资和接受劳务供应等而应付未付给供应单位的款项。

应付账款（负债类）

已偿还的款项	期初余额 发生尚未支付的款项 余额：应付给供应单位的款项

按供应单位（债权人）设置明细账，进行明细分类核算

（5）"应付票据"账户是负债类账户，用于核算企业购买材料、商品和接受劳务等开出、承兑的商业汇票，包括银行承兑汇票和商业承兑汇票，承诺在规定的时间偿付款项的票据。

应付票据(负债类)		应设置"应付票据备查
到期支付或者到期无力支付转销的商业汇票款	期初余额 企业开出、承兑的商业汇票款	簿",详细登记每一张票据的种类、号数、签发日期、到期日等信息
	余额:尚未到期的商业汇票金额	

（6）"预付账款"账户是资产类账户，用于核算企业按照合同规定预付给供应单位的款项。预付款项情况不多的，也可以不设置该账户，将预付的款项直接记入"应付账款"账户。

预付账款(资产类)		按供应单位(债权人)设置
期初余额 因购货等业务预付的款项以及货到后结算应补付的款项	收到货物后应支付的款项以及结算后应退回的多付款项	明细账，进行明细分类核算
余额:预付的款项	余额:企业尚需补付的款项	

【训练 2-2·分析题】 万恒公司从加油站购买了一张加油卡 2 000 元（预付账款借方登记），第一次加油 1 000 元（贷方登记），第二次加油 1 500 元（贷方登记），试问此时预付账款的余额在哪一方，表示什么？

3．典型业务的账务处理

【例 2-5·业务题】 佳美公司（增值税一般纳税人）2022 年 12 月 6 日购入板材 2 000 张，单价 200 元，增值税 52 000 元，材料尚未入库，货款未支付，涉及的原始单据如图 2-6 所示。

黑龙江增值税专用发票

发票联1200087630
校验码:2760960304783982478

发 票 联

No01117041
开票日期:2022 年 12 月 06 日

购买方	名　　称:佳美家具有限公司 纳税人识别号:44010120ABC1820T2M 地址、电话:哈尔滨市道里区南岗工业园区 0451-88×××××55 开户行及账号:中国工商银行南岗支行 3522125384089	密码区	5%59#＞%&*962@＞%@*7&*#$* #$*75402@*79$9&#$9&$&*#$96& ＜#＞%#$92@*7＞%&*9*$&＜#＞4 #40@%&*#$9＞276＜

货物或应税劳务、服务名称	规格型号	单 位	数 量	单 价	金 额	税率	税额
＊木制品＊板材		张	2 000	200	400 000	13%	52 000
合计					400 000		52 000

价税合计(大写)	⊗肆拾伍万贰仟元整	(小写)￥452 000.00

销售方	名　　称:牡丹江市建兴木材有限公司 纳税人识别号:88331234CDE5678P9N 地址、电话:牡丹江市兴中路××号 0453-64×××××75 开户行及账号:工商银行开发区支行 0402000000101	备注	

收款人:　　　　复核:　　　　开票人:　　　　销售方:(章)

图 2-6 增值税专用发票

会计人员根据审核无误的增值税专用发票编制如下会计分录。

借:在途物资——板材　　　　　　　　　　　　　　400 000
　　应交税费——应交增值税(进项税额)　　　　　　52 000
　　贷:应付账款——牡丹江市建兴木材有限公司　　　　452 000

【例2-6·业务题】 承例2-5,2022年12月20日,佳美公司将所购入的板材验收入库。其材料入库单如图2-7所示。

供货单位:牡丹江市建兴木材有限公司　　　　**材 料 入 库 单**　　　　材料类别:原材料
发票号码:01117041　　　　　　　　　　　　2022年12月20日　　　　　　材料仓库:2

材料编号	材料名称(规格)	单位	数 量		实 际 成 本										
			应收	实收	单价	发票价格	运杂费	金 额							
								百	十	万	千	百	十	元	角	分
	板材	张	2 000	2 000	200	400 000		¥	4	0	0	0	0	0	0	0
	合计							¥	4	0	0	0	0	0	0	0
备　注:							附单据1张									

核算:(印)　　　主管:(印)　　　保管:(印)　　　检验:(印)　　　交库:(印)

图2-7　材料入库单

会计人员根据审核无误的材料入库单编制如下会计分录。

借:原材料——板材　　　　　　　　　　　　　　400 000
　　贷:在途物资——板材　　　　　　　　　　　　　400 000

【例2-7·业务题】 2022年12月1日,佳美公司以转账支票30 000元向大华公司预付购买五金件的货款。

会计人员根据审核无误的转账支票存根(参见会计凭证填填制项目)编制如下会计分录。

借:预付账款——大华公司　　　　　　　　　　　30 000
　　贷:银行存款　　　　　　　　　　　　　　　　　30 000

【例2-8·业务题】 2022年12月20日,收到大华公司发来的五金件500件,并收到增值税专用发票。增值税专用发票显示单价为100元,货款共计50 000元,增值税税率为13%,增值税进项税额为6 500元,材料已入库,同时开出转账支票26 500元补付大华公司货款。

会计人员根据审核无误的增值税专用发票、支票存根(略),编制如下会计分录。

借:原材料——五金件　　　　　　　　　　　　　50 000
　　应交税费——应交增值税(进项税额)　　　　　　6 500
　　贷:预付账款——大华公司　　　　　　　　　　　30 000
　　　银行存款　　　　　　　　　　　　　　　　　26 500

小归纳

一般纳税人原材料采购可参照如下账务处理。

借:在途物资(材料开始采购没入库,按价款和采购费用发票金额)

原材料(材料已入库,按价款和采购费用发票金额)

应交税费——应交增值税(进项税额)(按价款和采购费用发票中的增值税金额)

贷:银行存款(已通过银行结算方式付款)

应付账款(款项未付)

应付票据(开出并承兑商业汇票)

注意:小规模纳税人采购原材料增值税的进项税额应计入材料成本。

(二)购置固定资产核算

固定资产是指为生产商品、提供劳务、出租或者经营管理而持有、使用寿命超过一个会计年度的有形资产,通常包括房屋、建筑物、机器设备、运输工具等。

供应过程业务核算——外购固定资产核算

1. 固定资产成本的确定

固定资产的成本是指企业购建某项固定资产达到预定可使用状态前所发生的一切合理、必要的支出。企业可以通过外购、自行建造、投资者投入等方式取得固定资产。取得方式不同,固定资产成本的具体构成内容及其确定方法也不尽相同。

外购的固定资产的成本包括购买价款、相关税费、使固定资产达到预定可使用状态前所发生的可归属于该项资产的运输费、装卸费、安装费和专业人员服务费等,不包括设备使用的培训费。

【训练 2-3·计算题】 万恒公司是增值税一般纳税人,购入一台不需要安装即可投入使用的设备,取得的增值税专用发票上注明设备价款为 30 000 元,增值税税额为 3 900 元,另支付运输费 300 元和包装费 400 元,款项以银行存款支付,则该项固定资产的成本为(   )元。

2. 账户设置

核算固定资产设置的主要账户有"固定资产"(前面已学)、"在建工程"等。

"在建工程"账户是资产类账户,用于核算企业基建、更新改造、购入需要安装的设备等在建工程发生的支出。其借方记增加,贷方记减少。

在建工程(资产类)

期初余额 企业各项在建工程的实际支出	工程完工转入使用而结转的实际工程成本	按"建筑工程""安装工程""在安装设备"及单项工程等进行明细核算
余额:未完工工程的实际成本		

3. 典型业务的账务处理

【例 2-9·业务题】 2022 年 12 月 1 日,佳美公司购入不需要安装就可投入使用的 W-3 设备一台,取得的增值税专用发票上注明的设备价款为 100 000 元,增值税税额为 13 000 元,款项未支付。该设备已由生产车间验收,相关凭证如图 2-8 和图 2-9 所示。

黑龙江增值税专用发票

发票联 2200083012

校验码:2760960304783984689

发 票 联

No01115012

开票日期:2022 年 12 月 1 日

购买方	名 称:佳美家具有限公司 纳税人识别号:44010120ABC1820T2M 地址、电话:哈尔滨市道里区南岗工业园区 0451-88×××55 开户行及账号:中国工商银行南岗支行 3522125384089	密码区	5％59＃＞％＆*962@＞％@*7＆*＃$* ＃$*75402@*79$9＆＃$9＆$*＃$96＆ ＜＃＞％＃$92@*7＞％*9*$＆＜＃ ＞4＃40@％＆*＃$9＞276＜

货物或应税劳务、服务名称	规格型号	单 位	数 量	单 价	金 额	税率	税额
*家具加工机械*W-3设备	JSY-09	台	1	100 000	100 000	13％	13 000
合计					100 000		13 000

价税合计(大写)	⊗壹拾壹万叁仟元整	(小写)￥113 000.00

销售方	名 称:哈尔滨市机械制造有限公司 纳税人识别号:88331234JKL5656F7C 地址、电话:哈尔滨市和风路××号 0453-85×××67 开户行及账号:工商银行开发区支行 0402000000202	备注	哈尔滨市机械制造有限公司 88331234JKL5656F7C 发票专用章

收款人: 复核: 开票人: 销售方:(章)

第三联:发票联 购买方记账凭证

图 2-8 增值税专用发票

固定资产验收单

供货单位:哈尔滨市机械制造有限公司

发票号码:01115012

2022 年 12 月 5 日

资产编号	资产名称	规格	数量		实际成本									
			计量单位	数量	单价	设备造价	运杂费	合计金额						
								百	十	万	千	百	十	元	角	分
76	W-3设备	JSY-09	台	1	100 000	100 000			1	0	0	0	0	0	0	0
	合计								1	0	0	0	0	0	0	0

备 注:

核算:(印) 主管:(印) 保管:(印) 检验:(印) 交库:(印)

图 2-9 固定资产验收单

会计人员根据审核无误的原始单据编制如下会计分录。

借:固定资产——W-3 设备　　　　　　　　　100 000

　　应交税费——应交增值税(进项税额)　　　13 000

　　贷:应付账款——哈尔滨市机械制造有限公司　　113 000

【例 2-10·业务题】 2022 年 7 月 15 日,佳美公司购入一台需要安装的机床,取得的增值税专用发票上注明的价款为 100 000 元,增值税税额为 13 000 元;7 月 20 日支付安装费并取得增值税专用发票,注明安装费 20 000 元,增值税税额为 2 600 元;全部款项已用银行存款支付;7 月 31 日,设备安装完毕,达到预定可使用状态(凭证略)。

会计人员根据审核无误的原始单据编制如下会计分录。

（1）7月15日购入机床时。

借：在建工程——机床　　　　　　　　　100 000
　　应交税费——应交增值税（进项税额）　13 000
　　贷：银行存款　　　　　　　　　　　　　　　　113 000

（2）7月20日支付安装费时。

借：在建工程——机床　　　　　　　　　20 000
　　应交税费——应交增值税（进项税额）　2 600
　　贷：银行存款　　　　　　　　　　　　　　　　22 600

（3）7月31日，设备安装完毕达到预定可使用状态时。

借：固定资产——机床　　　　　　　　　120 000
　　贷：在建工程——机床　　　　　　　　　　　　120 000

三、企业生产过程业务核算

生产过程业务核算

生产过程是企业资金周转的第二个阶段。在生产过程中，一方面生产工人需要借助机器设备对各种原材料进行加工，制造出各种产品，发生材料消耗费、固定资产磨损的折旧费、生产工人劳动耗费的人工费等；另一方面还要发生企业与工人之间的工资结算关系、与有关单位之间的劳务结算关系等。

（一）产品生产成本的构成

产品生产成本的构成内容按其经济用途可分为直接材料、直接人工和制造费用。

（1）直接材料是指构成产品实体的原料及主要材料、有助于产品形成的辅助材料。

（2）直接人工是指直接从事产品生产的工人的职工薪酬，具体包括短期薪酬、离职后福利、辞退福利和其他长期职工福利。

（3）制造费用是指企业为生产产品和提供劳务而发生的各项间接费用（车间所生产产品的共同费用），包括车间管理人员的职工薪酬、车间固定资产折旧、照明费、水电费，以及其他不能直接计入产品成本的费用等。这些费用在发生时先归集，会计期末采用一定的分配方法分配后计入所生产的产品成本中。

（二）账户设置

（1）"生产成本"账户是成本类账户，用于核算企业生产各种产品（如产成品、自制半成品等）、自制材料、自制工具、自制设备等所发生的各项费用。其借方记增加，贷方记减少。

生产成本（成本类）

期初余额 产品生产过程中所发生的各项生产费用	转出的完工产品实际成本
余额：尚未完工的在产品实际成本	

按产品的品种、类别、批别、订单等设置明细账户，进行明细分类核算

在明细账中按照规定的成本项目设置专栏。

例如,生产成本——甲产品（直接材料费）
　　　　　　——甲产品（直接人工费用）
　　　　　　——甲产品（制造费用等）

（2）"制造费用"账户是成本类账户,用于核算企业车间为生产产品和提供劳务而发生的各项间接费用。其借方记增加,贷方记减少。

制造费用（成本类）

企业在产品制造过程中发生各项间接费用	月度终了分配转入"生产成本"账户的金额	按不同的生产车间、部门和费用项目进行明细核算
一般无余额		

（3）"管理费用"账户是损益类账户中的费用类账户,用于核算企业行政管理部门为组织和管理企业生产经营所发生的各种费用,包括企业统一负担的公司经费（行政管理部门职工薪酬、办公费和差旅费等）、工会经费、董事会费（董事会成员津贴、会议费和差旅费等）、聘请中介机构费、咨询费（含顾问费）、业务招待费、房产税、车船税、土地使用税、印花税等。其借方记增加,贷方记减少,期末结转到"本年利润"账户,结转后该账户无余额。

管理费用（成本类）

发生的各项管理费用	期末转入"本年利润"账户的金额	按费用项目设置明细账户

（4）"应付职工薪酬"账户是负债类账户,用于核算企业根据有关规定应付给职工的各种薪酬。其贷方记增加,借方记减少。

应付职工薪酬（负债类）

实际发放的职工薪酬数额	期初余额 分配计入有关成本费用的职工薪酬数额	按"工资、奖金、津贴和补贴""职工福利费""非货币性福利""社会保险费""住房公积金""工会经费和职工教育经费""带薪缺勤""利润分享计划""设定提存计划""设定受益计划""辞退福利"等项目设置明细账
	余额:应付未付的职工薪酬	

（5）"累计折旧"账户是资产类账户,用于核算企业固定资产因为使用等原因而损耗的价值,也是"固定资产"账户的备抵调整账户,因此,其贷方记增加,借方记减少。

累计折旧（资产类）

出售、报废、毁损、盘亏等原因减少或转销的固定资产折旧数	期初余额 按月计提的固定资产折旧数	可不设明细账,每项固定资产折旧额应在固定资产卡片上登记
	余额:现有固定资产已提的累计折旧数	

（6）"库存商品"账户是资产类账户，用于核算企业库存的各种商品的实际生产成本（或进价）或计划成本（或售价），包括库存产成品、外购商品等。其借方记增加，贷方记减少。

库存商品（资产类）		
期初余额 外购和自制入库的各种商品的实际成本	出库的各种商品的实际成本	按库存商品的品种、类别、规格等进行明细核算
余额：库存商品的实际成本		

（三）典型业务的账务处理

1. 生产领用材料

【例 2-11·业务题】　2022 年 12 月 1 日，佳美公司生产产品领用原材料一批，具体材料名称、数量、金额和用途如表 2-3 所示。

表 2-3　发料凭证汇总表

2022 年 12 月 1 日　　　　　　　　　　　　　　金额单位：元

领料单位	板　材		五金件		黏合胶		合　计
	数量	金额	数量	金额	数量	金额	
生产衣柜耗用	1 600	81 600	6 000	48 000	400	4 000	133 600
生产书柜耗用	1 800	91 800	3 000	24 000	200	2 000	117 800
车间一般耗用	60	3 060			100	1 000	4 060
行政管理部门耗用			400	3 200			3 200
合计	3 460	176 460	9 400	75 200	700	7 000	258 660

主管：　　　　　审核：　　　　　发料：　　　　　保管：

会计人员根据审核无误的发料凭证汇总表编制如下会计分录。

借：生产成本——衣柜　　　　　　133 600
　　　　　　——书柜　　　　　　117 800
　　制造费用　　　　　　　　　　　4 060
　　管理费用　　　　　　　　　　　3 200
　　贷：原材料——板材　　　　　176 460
　　　　　　　——五金件　　　　　75 200
　　　　　　　——黏合胶　　　　　7 000

2. 分配并发放工资费用

【例 2-12·业务题】　2022 年 12 月 31 日，佳美公司结算本月应付职工工资 191 050 元，各部门职工工资分配汇总如表 2-4 所示。

表 2-4　职工工资分配汇总表

2022 年 12 月 31 日　　　　　　　　　　　　　　　　　金额单位:元

领料单位	工资合计
生产衣柜工人	65 050
生产书柜工人	46 000
小　计	111 050
车间管理人员	30 000
行政管理人员	50 000
合　计	191 050

会计人员根据审核后的工资分配汇总表分配工资,并编制如下会计分录。

借:生产成本——衣柜　　　　　　　　　　　　　　65 050

　　　　　——书柜　　　　　　　　　　　　　　46 000

　　制造费用　　　　　　　　　　　　　　　　　30 000

　　管理费用　　　　　　　　　　　　　　　　　50 000

　　贷:应付职工薪酬——工资、奖金、津贴和补贴　191 050

发放工资时编制如下会计分录。

借:应付职工薪酬——工资、奖金、津贴和补贴　191 050

　　贷:银行存款　　　　　　　　　　　　　　　191 050

3. 采购办公用品

【例 2-13·业务题】　2022 年 12 月 17 日,佳美公司采购办公用品 1 080 元,增值税税率为 13%,增值税税额为 140.4 元,开出转账支票支付。生产部门和行政管理部门各领用 540 元。

会计人员根据审核无误的增值税专用发票、支票存根、办公用品领用表编制如下会计分录。

借:制造费用　　　　　　　　　　　　　　　　　540

　　管理费用　　　　　　　　　　　　　　　　　540

　　应交税费——应交增值税(进项税额)　　　　140.40

　　贷:银行存款　　　　　　　　　　　　　　　1 220.40

4. 计提固定资产折旧

【例 2-14·业务题】　2022 年 12 月 31 日,佳美公司编制固定资产分类折旧计算表,如表 2-5 所示。

表 2-5　固定资产分类折旧计算表

2022 年 12 月 31 日

固定资产类别	使用部门	月折旧额/元
房屋建筑物	生产车间	4 000
	行政管理部门	2 000
	小　计	6 000
设备	生产车间	5 820
	行政管理部门	1 000
	小　计	6 820
合　计		12 820

会计人员根据审核后的固定资产分类折旧计算表编制如下会计分录。

借:制造费用   9 820(4 000+5 820)

 管理费用   3 000(2 000+1 000)

  贷:累计折旧   12 820

5.分配结转制造费用

【例2-15·业务题】 2022年12月31日,将本月发生的制造费用按本月生产工人的工资比例分配计入衣柜和书柜两种产品的成本。根据本月制造费用总账(略)发生额合计44 420(4 060+30 000+540+9 820)元,会计人员编制"制造费用分配表"(略),编制如下会计分录。

$$制造费用分配率=\frac{44\ 420}{(65\ 050+46\ 000)}=0.40$$

$$衣柜应分配制造费用=0.40×65\ 050=26\ 020(元)$$

$$书柜应分配制造费用=0.40×46\ 000=18\ 400(元)$$

借:生产成本——衣柜   26 020

    ——书柜   18 400

  贷:制造费用   44 420

6.结转完工产品成本

【例2-16·业务题】 2022年12月31日,根据产品成本明细账的资料编制产品成本计算单,结转本月完工产品成本。本月投产的衣柜400件(含月初在产品100件)和书柜300件全部完工,具体资料如表2-6~表2-8所示。

表2-6 生产成本明细账

产品名称:衣柜   单位:元

2022年		凭证号	摘要	借方发生额	成本项目		
月	日				直接材料	直接人工	制造费用
12	1	略	期初余额	40 940	20 940	15 000	5 000
	1		领用材料	133 600	133 600		
	31		分配工资	65 050		65 050	
	31		分配制造费用	26 020			26 020
	31		合计	265 610	154 540	80 050	31 020
	31		结转完工产品成本	265 610	154 540	80 050	31 020

表2-7 生产成本明细账

产品名称:书柜   单位:元

2022年		凭证号	摘要	借方发生额	成本项目		
月	日				直接材料	直接人工	制造费用
	1		领用材料	117 800	117 800		
	31		分配工资	46 000		46000	
	31		分配制造费用	18 400			18 400
	31		合计	182 200	117 800	46 000	18 400
	31		结转完工产品成本	182 200	117 800	46 000	18 400

表 2-8 产品成本计算单

2022 年 12 月 31 日

单位:元

成本项目	衣柜(400 件)		书柜(300 件)	
	总成本	单位成本	总成本	单位成本
直接材料	154 540	386.35	117 800	392.67
直接人工	80 050	200.13	46 000	153.33
制造费用	31 020	77.55	18 400	61.33
产品生产成本	265 610	664.03	182 200	607.33

财会主管:　　　　　会计:　　　　　复核:　　　　　制表:

会计人员根据"产品成本计算单"编制如下会计分录。

借:库存商品——衣柜　　　　265 610
　　　　　　——书柜　　　　182 200
　　贷:生产成本——衣柜　　　　265 610
　　　　　　　——书柜　　　　182 200

四、企业销售过程业务核算

销售过程
业务核算 1

销售过程
业务核算 2

产品销售过程是企业资金周转的第三个阶段,也是企业产品价值和经营成果的实现过程。在产品销售过程中,企业要将所生产的产品对外销售,同时办理结算并及时收回货款。企业在取得商品销售收入的同时,还会发生销售成本和销售费用。产品销售后还要按照国家税法规定依法缴纳税费。

(一)账户设置

(1)"主营业务收入"账户是损益类账户中的收入类账户,用于核算企业根据收入准则确认的销售商品、提供劳务等主营业务的收入。其贷方记增加,借方记减少。

主营业务收入(损益类)		
销售退回冲销的收入及期末转入"本年利润"账户的数额	企业实现的主营业务收入	按主营业务的种类进行明细核算
	无余额	

(2)"主营业务成本"账户是损益类账户中的费用类账户,用于核算企业根据收入准则确认销售商品、提供劳务等主营业务收入时应结转的产品成本。其借方记增加,贷方记减少。

主营业务成本(损益类)		
结转已销售产品、提供劳务的实际成本数	转入"本年利润"账户的数额	按主营业务的种类进行明细核算
无余额		

(3)"其他业务收入"账户是损益类账户中的收入类账户,用于核算企业除主营业务活动以外的其他经营活动实现的收入,包括工业企业销售材料、出租固定资产、出租无形资产、出租包装物等的收入。其贷方记增加,借方记减少。

其他业务收入（损益类）		
转入"本年利润"账户的数额	企业取得的其他业务收入	按其他业务的种类设置明细账，进行明细分类核算
	无余额	

（4）"其他业务成本"账户是损益类账户中的费用类账户，用于核算企业确认的除主营业务活动以外的其他经营活动所发生的支出，包括销售材料的成本、出租固定资产的折旧额、出租无形资产的摊销额、出租包装物的成本或摊销额等。其借方记增加，贷方记减少。

其他业务成本（损益类）		
企业取得其他业务收入应结转的成本	转入"本年利润"账户的数额	按其他业务的种类设置明细账，进行明细分类核算
	无余额	

（5）"应收账款"账户是资产类账户，用于核算企业因销售商品、产品、提供劳务等经营活动应向购货方收取而未收取的款项。其借方记增加，贷方记减少。

应收账款（资产类）		
期初余额： 应收账款的增加	应收账款的减少	按债务人设置明细账，进行明细核算
余额：尚未收回的应收账款		

（6）"应收票据"账户是资产类账户，用于核算企业因销售商品、产品、提供劳务等而收到的商业汇票，包括银行承兑汇票和商业承兑汇票。其借方记增加，贷方记减少。

应收票据（资产类）		
期初余额： 收到的商业汇票金额	商业汇票到期收款金额或未收款转销金额	按开出、承兑商业汇票的单位进行明细核算
余额：未到期的商业汇票金额		

（7）"预收账款"账户是负债类账户，用于核算企业按照合同规定向购货单位预收的款项。其贷方增加，借方记减少。

预收账款（负债类）		
销售实现时清偿的预收款项或退回多收的款项	期初余额： 企业收到预收款项时	按购货单位进行明细核算。预收账款情况不多的，也可将预收款项业务并入"应收账款"账户核算
	余额：预收账款数	

（8）"销售费用"账户是损益类账户中的费用类账户，用于核算企业销售商品、材料、提供劳务过程中发生的各种费用，包括运输费、装卸费、包装费、保险费、展览费和广告费，以及

为销售本企业商品而专设的销售机构的职工薪酬、业务费、折旧费等经营费用。其借方记增加,贷方记减少。

销售费用(损益类)		
发生的销售费用数	期末转入"本年利润"账户数	按费用项目设置明细账,进行明细分类核算
无余额		

(9)"税金及附加"账户是损益类账户中的费用类账户,用于核算企业经营活动发生的消费税、城市维护建设税和教育费附加等相关税费。其借方记增加,贷方记减少。

税金及附加(损益类)		
按规定计算的应负担的税金及附加	期末转入"本年利润"账户数	一般不设明细账户
无余额		

(二)典型业务的账务处理

1. 正常销售商品业务

【例 2-17·业务题】　2022 年 12 月 15 日,佳美公司向哈尔滨开元公司发出衣柜 300 件,单价为 1 000 元,货款合计 300 000 元,增值税税率为 13%,增值税税额为 39 000 元,价税合计 339 000 元。佳美公司开出增值税专用发票,产品已托运,收到哈尔滨开元公司开来的转账支票并送存银行,相关凭证如图 2-10 和图 2-11 所示。

黑龙江增值税专用发票

发票联 3200032125　　　　　此联不作报销、扣税凭证使用　　　　　No021157018
校验码:2760960304783983259　　　　　　　　　　　　　开票日期:2022 年 12 月 15 日

购买方	名　称:哈尔滨开元公司 纳税人识别号:21010511VFR4754K3A 地址、电话:哈尔滨市河图街190号 0451-39×××52 开户行及账号:中国工商银行道里区支行 21010326594561256666	密码区	5%59#＞%＆*962@＞%@*7＆*#$* #$*75402@*79$9＆#$9＆$*#$96＆ ＜#＞%#$92@*7＞%＆*9*$＆＜# ＞4#40@%＆*#$9＞276＜				第一联:记账联
货物或应税劳务、服务名称	规格型号	单位	数量	单价	金额	税率	税额
*家具*衣柜		件	300	1 000	300 000	13%	39 000
合计					300 000		39 000

价税合计(大写)　⊗叁拾叁万玖仟元整　　　　　(小写)¥339 000.00

销售方	名　称:佳美家具有限公司 纳税人识别号:44010120ABC1820T2M 地址、电话:哈尔滨市道里区南岗工业园区 0451-88×××55 开户行及账号:中国工商银行南岗支行 3522125384089	备注	佳美家具有限公司 44010120ABC1820TZM 发票专用章

收款人:　　　复核:　　　开票人:　　　销售方:(章)

图 2-10　增值税专用发票(哈尔滨开元公司)

中国工商银行进账单（收款通知）

2022 年 12 月 15 日　　　　　　　　　第　　号

收款人	全　　称	佳美家具有限公司	付款人	全　　称	大连元开公司
	账　　号	3522125384089		账　　号	2101032659456125666
	开户银行	中国工商银行南岗支行		开户银行	中国工商银行白云办事处

金额	人民币（大写）叁拾叁万玖仟元整	百	十	万	千	百	十	元	角	分
		￥	3	3	9	0	0	0	0	0

票据种类	转账支票	收款人开户行盖章

图 2-11　中国工商银行进账单（收款通知）

会计人员根据增值税专用发票和进账单编制如下会计分录。

借：银行存款　　　　　　　　　　　　　　　339 000

　　贷：主营业务收入——衣柜　　　　　　　　300 000

　　　　应交税费——应交增值税（销项税额）　　39 000

【例 2-18·业务题】　2022 年 12 月 20 日，佳美公司向沈阳远力公司发出书柜 500 件，单价为 1 000 元，货款合计 500 000 元，增值税税率为 13%，增值税税额为 65 000 元，价税合计 565 000 元。佳美公司开出增值税专用发票，产品已托运，收到了沈阳远力公司签发的商业承兑汇票一张，票面价值 565 000 元，相关凭证如图 2-12 和图 2-13 所示。

黑龙江增值税专用发票

发票联 1200024563　　　　　　　　　　　　　　　　　　　　No021157019

校验码:2760960304783982478　　此联不作报销、扣税凭证使用　　开票日期:2022 年 12 月 20 日

购买方	名　　称:沈阳远力公司 纳税人识别号:21010511DER4785H2X 地址、电话:沈阳市铁工街 196 号 024-23×××87 开户行及账号:中国工商银行铁工街支行 2101032659456120000	密码区	5%59#＞%&*962@＞%@*7&*#$* #$*75402@*79$9&#$9&$*#$96& ＜#＞%$92@*7%&*9*$&＜# ＞4#40@%&*#$9＞276＜

货物或应税劳务、服务名称	规格型号	单　位	数　量	单　价	金　额	税率	税额
*家具*书柜		件	500	1 000	500 000	13%	65 000
合　计					500 000		65 000

价税合计（大写）	⊗伍拾陆万伍仟元整	（小写）￥565 000.00

销售方	名　　称:佳美家具有限公司 纳税人识别号:44010120ABC1820T2M 地址、电话:哈尔滨市道里区南岗工业园区 0451-88×××55 开户行及账号:中国工商银行南岗支行 3522125384089	备注	佳美家具有限公司 44010120ABC1820TZM 发票专用章

收款人:　　　　　复核:　　　　　开票人:　　　　　销售方:（章）

第一联:记账联　销售方记账凭证

图 2-12　增值税专用发票（沈阳远力公司）

商 业 承 兑 汇 票　　　　汇票号码　SC2458

2022 年 12 月 20 日　　　　　　　第 015 号

收款人	全　称	沈阳远力公司		付款人	全　称	佳美家具有限公司							
	账号	2101032659456120000			账号	3522125384089							
	开户银行	中国工商银行铁工街支行	行号		开户银行	中国工商银行南岗支行							
						千	百	十	万	千	百	十	元 角 分
							￥	5	6	5	0	0	0 0 0
汇票金额		人民币(大写):伍拾陆万伍仟元整											
汇票到期日		2023 年 3 月 20 日		交易合同号码									
本汇票已经本单位承兑,到期日无条件支付票款。　　　　　　　此致 收款人 负责:　　　　经办　　　　年　月　日				汇票签发人盖章 负责　　　　　经办									

图 2-13　商业承兑汇票

会计人员根据增值税专用发票和商业承兑汇票复印件编制如下会计分录。

借:应收票据——沈阳远力公司　　　　　　565 000

　　贷:主营业务收入——书柜　　　　　　　　500 000

　　　应交税费——应交增值税(销项税额)　　65 000

如果是赊销,借方应记入"应收账款"账户。

2. 预收货款方式销售商品业务

【例 2-19·业务题】　2022 年 12 月 2 日,根据销售合同预收兴华公司购货款 100 000 元,货款已存入银行。12 月 17 日,向兴华公司发出衣柜 200 件,单价为 1 000 元,货款合计200 000 元,增值税税率为 13%,增值税税额为 26 000 元,开出增值税专用发票,兴华公司以转账支票支付余款(原始凭证略)。会计人员根据增值税发票、两张收款单据编制如下会计分录。

(1) 12 月 2 日。

借:银行存款　　　　　　　　　　　　　　100 000

　　贷:预收账款——兴华公司　　　　　　　　100 000

(2) 12 月 17 日。

借:预收账款——兴华公司　　　　　　　　100 000

　　银行存款　　　　　　　　　　　　　　126 000

　　贷:主营业务收入　　　　　　　　　　　　200 000

　　　应交税费——应交增值税(销项税额)　　26 000

3. 销售材料业务

【例 2-20·业务题】　2022 年 12 月 23 日,佳美公司向利达木材加工厂出售一批不用的木材 100 立方米,单价为 300 元,价款合计 30 000 元,增值税税额为 3 900 元,开出增值税专用发票,收到利达木材加工厂的转账支票并送存银行(原始凭证略)。

会计人员根据增值税专用发票、银行进账单(收账通知)编制如下会计分录。

借:银行存款　　　　　　　　　　　　　　33 900

贷:其他业务收入——木材   30 000
     应交税费——应交增值税(销项税额)   3 900

4. 支付销售费用业务

【例2-21·业务题】 2022年12月28日,佳美公司签发转账支票一张,支付产品广告费9 000元,增值税税率为6%,税额为540元(增值税专用发票略),转账支票存根如图2-14所示。

中国工商银行转账支票存根
附加信息
_____
_____
出票日期:2022年12月28日

| 收款人:龙飞广告有限公司 |
| 金额:9 540.00 |
| 用途:广告费 |
| 备注: |

复核   会计记账

图2-14 转账支票存根

会计人员根据增值税专用发票和转账支票存根编制如下会计分录。

    借:销售费用——广告费   9 000
     应交税费——应交增值税(进项税额)   540
      贷:银行存款   9 540

5. 结转产品销售成本业务

【例2-22·业务题】 2022年12月31日,佳美公司结转本月已销售衣柜500件、书柜500件的实际成本。原始凭证有产品出库单和销售成本计算表,如表2-9~表2-12所示。

表2-9 产品出库单   第06号

客户:哈尔滨开元公司   送货日期:2022年12月15日   仓库02号

产品名称	规格型号	单 位	数 量	单位成本/元	金 额/元	备 注
衣柜		件	300	664.03	199 209	
合计						

验货: 制单:

表2-10 产品出库单   第07号

客户:兴华公司   送货日期:2022年12月17日   仓库02号

产品名称	规格型号	单 位	数 量	单位成本/元	金 额/元	备 注
衣柜		件	200	664.03	132 806	
合计						

验货: 制单:

表 2-11　产品出库单　　　　　　　　　　　第 08 号

客户：沈阳远力公司　　　　　　送货日期：2022 年 12 月 20 日　　　　　　仓库 03 号

产品名称	规格与型号	单　位	数　量	单位成本/元	金　额/元	备　注
书柜		件	500	607.33	303 665	
合计						

验货：　　　　　　　　　　　　　　　　　　　　　　　　　　　制单：

表 2-12　销售成本计算表
2022 年 12 月 31 日

销售产品名称	单　位	销售数量	单位成本/元	销售成本/元	备　注
衣柜	件	500	664.03	332 015	
书柜	件	500	607.33	303 665	
合计				635 680	

审核：　　　　　　　　　　　　　　　　　　　　　　　　　　　制单：

会计人员根据编制的销售成本计算表编制如下会计分录。

借：主营业务成本——衣柜　　　　　　332 015

　　　　　　　　——书柜　　　　　　303 665

　　贷：库存商品——衣柜　　　　　　332 015

　　　　　　　　——书柜　　　　　　303 665

6. 结转材料销售成本业务

【例 2-23·业务题】　2022 年 12 月 21 日，佳美公司会计人员根据材料出库单编制材料销售成本计算表，木材单位成本为 280 元，销售成本共计 28 000 元。

借：其他业务成本　　　　　　28 000

　　贷：原材料——木材　　　　　　28 000

7. 计算税金及附加业务

【例 2-24·业务题】　2022 年 12 月 21 日，佳美公司按照本月应该缴纳的增值税税额（本月销项税额 133 900－进项税额 85 180.40）的 7% 提取城市维护建设税，按 3% 提取教育费附加，计算如表 2-13 所示。

表 2-13　城市维护建设税及教育费附加计算表
2022 年 12 月 31 日　　　　　　　　　　单位：元

项　目	计税依据	适用税率	税　额	应记借方科目
应交城市维护建设税	48 719.6	7%	3 410.37	
应交教育费附加	48 719.6	3%	1 461.59	
合计			4 871.96	

审核：　　　　　　　　　　　　　　　　　　　　　　　　　　　制单：

会计人员根据审核后的城市维护建设税及教育费附加计算表编制如下会计分录。

借：税金及附加　　　　　　4 871.96

　　贷:应交税费——应交城市维护建设税　3 410.37
　　　　　　　　——应交教育费附加　　　　1 461.59

 思政园地

　　2020 年 1 月,甲企业销售一批产品给乙企业,价款共计 100 000 元。2022 年年末,款项尚未收到,甲企业经企业负责人批准将该笔款项作为坏账损失核销。2023 年 3 月 1 日,甲企业收到该项货款,会计人员不但没有入账,还将 100 000 元私自侵吞。

　　请问:

　　(1) 会计人员这种做法属于什么行为?

　　(2) 作为会计人员,应收账款作为坏账处理应如何编制会计分录?

　　(3) 当甲企业收回款项时,会计人员应如何进行会计处理?

　　(4) 作为会计人员,应该具备哪些专业素养?

　　要求:同学们以小组为单位进行讨论,在班级分享讨论结果。

五、企业利润形成及利润分配业务核算

　　利润是指企业在一定会计期间(月、季、年度)从事生产经营活动所取得的盈利或发生的亏损。它是反映企业工作质量的一个重要指标,包括收入减去费用后的净额、直接计入当期损益的利得和损失等。

利润形成核算 1

(一)利润形成业务核算

　　1. 利润的形成

　　利润由营业利润、利润总额和净利润三个层次构成。

　　(1) 营业利润。营业利润主要是由企业的日常经营活动所形成的,是企业利润的最主要、最稳定的来源。这一指标能够比较恰当地反映企业管理者的经营业绩,其计算参考如下公式:

利润形成核算 2

　　营业利润＝营业收入－营业成本－税金及附加－销售费用－管理费用－财务费用－
　　　　　　　信用减值损失－资产减值损失＋公允价值变动收益(－公允价值变动损失)＋
　　　　　　　投资收益(－投资损失)

　　其中,

　　　　　　营业收入＝主营业务收入＋其他业务收入
　　　　　　营业成本＝主营业务成本＋其他业务成本

　　(2) 利润总额。利润总额又称税前会计利润,是指营业利润加上营业外收入减去营业外支出后的金额。其计算公式如下:

　　　　　　利润总额＝营业利润＋营业外收入－营业外支出

　　(3) 净利润。净利润又称税后利润,是指利润总额减去企业所得税费用后的净额。其计算公式如下:

　　　　　　净利润＝利润总额－所得税费用

　　2. 账户设置

　　(1)"本年利润"账户是所有者权益类账户,用于核算企业一定会计期间实现的净利润(或发生的净亏损)。其贷方记利润的增加,借方记利润的减少。

本年利润（所有者权益类）

登记由"主营业务成本""税金及附加""销售费用""管理费用""财务费用""其他业务成本""营业外支出""所得税费用"等账户转入的数额	登记由"主营业务收入""其他业务收入""营业外收入"、投资收益等账户转入的数额	一般不设明细账
余额：表示企业发生的净亏损	余额：表示企业实现的净利润	

（2）"营业外收入"账户是损益类账户中的收入类账户，用于核算企业发生的与其经营活动无直接关系的各项收入，主要包括接受捐赠、罚没利得、非货币性资产交换利得、债务重组利得、确实无法支付而按规定程序经批准后转作营业外收入的应付款项等。

营业外收入（损益类）

期末结转"本年利润"账户时	取得营业外收入时	按营业外收入的内容设置明细账
	无余额	

（3）"营业外支出"账户是损益类账户中的费用类账户，用于核算企业发生的与其经营活动无直接关系的各项净支出，包括罚款支出、捐赠支出、非常损失、非货币性资产交换损失、债务重组损失等。

营业外支出（损益类）

发生营业外支出时	期末结转"本年利润"账户时	按营业外支出的内容设置明细账
无余额		

（4）"投资收益"账户是损益类账户中的收入类账户，用于核算企业因为购买股票、债券、基金等有价证券而取得的收益或发生的损失。

投资收益（损益类）

发生投资损失时期末投资净收益结转"本年利润"账户时	取得投资收益时期末投资净损失结转"本年利润"账户时	按投资项目设置明细账
	无余额	

（5）"所得税费用"账户是损益类账户中的费用类账户，用于核算企业根据所得税准则确认的应从当期利润总额中扣除的所得税费用。

所得税费用（损益类）

计算应交所得税时	期末结转"本年利润"账户时	一般不设置明细账
无余额		

3. 典型业务的账务处理

(1) 接受捐赠或取得罚款业务。

【例 2-25 · 业务题】 2022 年 12 月 26 日，佳美公司收到美和公司的违约罚款收入 2 400 元存入银行，相关凭证如图 2-15 和图 2-16 所示。

中国工商银行进账单(收款通知)

2022 年 12 月 26 日　　　　第 42 号

收款人	全　称	佳美家具有限公司	付款人	全　称	美和公司									
	账　号	3522125384089		账　号	1110010806482123212									
	开户银行	中国工商银行南岗支行		开户银行	中国工商银行清江支行									
金额	人民币(大写)贰仟肆佰元整				百	十	万	千	百	十	元	角	分	
							¥	2	4	0	0	0	0	
票据种类		转账支票			收款人开户行盖章									

中国工商银行 电子回单专用章 ebank

图 2-15　罚款收入的收款通知

收　款　收　据

2022 年 12 月 26 日　　　　字第 48 号

今收到　美和公司　**交来**　现金　款项	
人民币(大写):贰仟肆佰元整　　¥2 400.00	
备注:	

第二联:收据人

单位(印章)　　收款人:　　财务负责人:

图 2-16　罚款收入的收款收据

会计人员根据银行进账单和收款收据编制如下会计分录。

借:银行存款　　2 400

　贷:营业外收入　　2 400

(2) 对外捐赠或支付罚款业务。

【例 2-26 · 业务题】 2022 年 12 月 22 日，佳美公司开出转账支票向希望工程捐款 20 000 元，原始凭证有转账支票存根、捐款收据(略)。

借:营业外支出　　20 000

　贷:银行存款　　20 000

(3) 期末结转各损益类账户净发生额。

各损益类账户结转至本年利润时，可在年末结转一次，平时月份不进行损益类账户的结转，只是通过编制利润表计算出各会计期间的利润，即“表结法”;也可以每月都将损益类账户结转至本年利润，一年要结转十二次，即“账结法”。利润的结转方法可由企业自己选定。

【例 2-27 · 业务题】 2022 年 12 月 31 日，佳美公司月末结账前各损益类账户的发生额如表 2-14 所示。

表 2-14   损益类账户本月发生额汇总表

2021 年 12 月 31 日   单位:元

收入账户	贷方发生额	支出账户	借方发生额
主营业务收入	1 000 000	主营业务成本	635 680
其他业务收入	30 000	税金及附加	4 871.96
营业外收入	2 400	其他业务成本	28 000
投资收益		管理费用	56 740
		销售费用	9 000
		财务费用	1 000
		营业外支出	20 000
合 计	1 032 400	合 计	755 291.96

审核: 制单:

会计人员根据表 2-14 做如下账务处理。

① 结转收入类账户。

借:主营业务收入   1 000 000

    其他业务收入   30 000

    营业外收入   2 400

  贷:本年利润   1 032 400

② 结转费用类账户。

借:本年利润   755 291.96

  贷:主营业务成本   635 680

    其他业务成本   28 000

    税金及附加   4 871.96

    管理费用   56 740

    销售费用   9 000

    财务费用   1 000

    营业外支出   20 000

③ 按照税法规定计算和结转应交所得税额,所得税税率为 25%。假如纳税调整为 0,则

应交所得税额＝应纳税所得额×适用税率

＝(利润总额±纳税调整额)×25%

＝(本年利润贷方发生额－本年利润借方发生额)×25%

＝(1 032 400－755 291.96)×25%

＝69 277.01(元)

借:所得税费用   69 277.01

  贷:应交税费——应交所得税   69 277.01

借:本年利润   69 277.01

  贷:所得税费用   69 277.01

利润分配
业务核算

（二）利润分配业务核算

利润分配是指企业净利润的分配。企业实现的净利润应按照国家有关的法律、法规及企业章程的规定,在企业和投资者之间进行分配。

1. 计算当年可供分配利润

$$可供分配利润 = 全年净利润（或亏损）+ 年初未分配利润 -$$
$$弥补以前年度亏损 + 其他转入$$

【训练 2-4·填空题】　假如万恒公司年初未分配利润为 10 万元,本年实现净利润 200 万元,则万恒公司可供分配的利润是（　　）万元;若公司年初未分配利润为 -10 万元,本年实现净利润 200 万元,则可供分配的利润是（　　）万元。

2. 利润分配顺序

企业当期实现的净利润要按照法定程序进行分配。

(1) 弥补以前年度亏损。

(2) 按一定比例提取法定盈余公积金(法定盈余公积金达到注册资本的50%时,可不再提取),提取法定盈余公积金之后,经股东大会决议,还可以从税后利润中提取任意公积金。

(3) 向投资者分配利润。企业可采用现金股利、股票股利和财产股利等形式向投资者分配利润(或股利)。

【训练 2-5·填空题】　承接训练 2-4,若公司年初未分配利润为 10 万元,本年实现净利润 200 万元,则按本年净利润（　　）万元为基数进行分配;若公司年初未分配利润为 -10 万元,本年实现净利润 200 万元,则按本年净利润（　　）万元为基数进行分配。

3. 账户设置

(1) "利润分配"账户是所有者权益类账户,用于核算企业利润的分配(或亏损的弥朴)和历年分配(或弥补亏损)后的结存余额。

利润分配(所有者权益类)		应设置明细账:提取法定盈余公积、提取任意盈余公积、应付现金股利或利润、盈余公积补亏、未分配利润
从"本年利润"账户转入的全年亏损额 实际分配的利润	弥补亏损数额 年末转入的全年净利润 盈余公积补亏数额	
余额:未弥补的亏损	余额:累积未分配的利润	

(2) "盈余公积"账户是所有者权益类账户,用于核算企业从净利润中提取的盈余公积。

盈余公积(所有者权益类)		应设置明细账:法定盈余公积、任意盈余公积
弥补亏损或转增资本数	盈余公积金的提取数	
	余额:实际结存数	

(3) "应付股利"账户是负债类账户,用于核算企业分配的现金股利或者利润。

应付股利(负债类)		按投资者设置明细账
实际支付的现金股利或利润	应支付的现金股利或利润	
	余额:尚未支付的现金股利或利润	

4.典型业务的账务处理

(1)结转全年实现的净利润或净亏损。

【例 2-28·业务题】 佳美公司 1—11 月实现净利润 1 185 778.97 元,12 月实现净利润 207 831.03(1 032 400-755 291.96-69 277.01)元。12 月 31 日,将全年净利润 1 393 610 元转入"利润分配"账户。

借:本年利润   1 393 610
　贷:利润分配——未分配利润   1 393 610

若是净亏损,结转会计分录与上相反。

(2)提取法宝盈余公积和任意盈余公积。

【例 2-29·业务题】 2022 年 12 月 31 日,佳美公司按全年净利润(不包括年初未分配利润)的 10％提取法定盈余公积,按全年净利润的 5％提取任意盈余公积。

借:利润分配——提取法定盈余公积   139 361(1 393 610×10％)
　　　　　　——提取任意盈余公积   69 680.50(1 393 610×5％)
　贷:盈余公积——法定盈余公积   139 361
　　　　　　——任意盈余公积   69 680.50

(3)向投资者分配利润。

【例 2-30·业务题】 2022 年 12 月 31 日,经股东大会批准,佳美公司向投资者分配利润 600 000 元,王强和李明分别按 60％和 40％的比例分配。

借:利润分配——应付现金股利或利润   600 000
　贷:应付股利——王强   360 000
　　　　　　——李明   240 000

(4)结转"利润分配"所属明细科目。

【例 2-31·业务题】 2022 年 12 月 31 日,佳美公司结转"利润分配"账户所属的明细科目,明细科目余额见前例。

借:利润分配——未分配利润   809 041.50
　贷:利润分配——提取法定盈余公积   139 361
　　　　　　——提取任意盈余公积   69 680.50
　　　　　　——应付现金股利或利润   600 000

2022 年,佳美公司的年终未分配利润为 584 568.50(1 393 610-809 041.5)元。

六、企业资金退出业务核算

(一)企业资金退出的主要途径

企业资金退出的主要途径有偿还借款、上交税费、向投资者支付利润等。

(二)企业资金退出业务的账务处理

1.偿还借款

以短期借款为例,账务处理见筹资业务核算。下面以偿还业务做如下归纳。

借:短期借款(本金)
　应付利息(如果有已计提的借款利息)
　财务费用(如果有当期负担的借款利息)

贷:银行存款

2.上交税费

(1)结转本月未交增值税或多交增值税。期末应根据"应交税费——应交增值税"账户的本期发生额计算出本期应交增值税税额或多交增值税税额,结转到"应交税费——未交增值税"账户中。

【例2-32·业务题】 承例2-24,2022年12月,佳美公司本月应缴纳增值税48 719.6元(本月销项税额133 900−进项税额85 180.40)。

    借:应交税费——应交增值税(转出未交增值税)   48 719.6
      贷:应交税费——未交增值税   48 719.6

若是结转多交增值税,与上相反。

(2)上交各项税费。

【例2-33·业务题】 承例2-24和例2-32,以银行存款上交增值税、城市维护建设税、教育费附加。

    借:应交税费——未交增值税   48 719.6
          ——应交城市维护建设税   3 410.37
          ——应交教育费附加   1 461.59
      贷:银行存款   53 591.56

3.向投资者支付利润

【例2-34·业务题】 承例2-30,2023年2月10日,佳美公司以银行存款向投资者王强和李明支付2022年应分配的利润。

    借:应付股利——王强   360 000
          ——李明   240 000
      贷:银行存款   600 000

任务实施

佳美公司的业务(例2-2～例2-34)充分说明了企业筹资业务、供应过程业务、生产过程业务、销售过程业务、利润形成及利润分配业务、资金退出业务等的内容及账务处理。下面用任务训练来巩固大家的知识与技能。

任务训练

训练目的:企业主要经营过程业务的核算。

训练内容:

(1)佩奇服装有限公司是一般纳税人,2022年12月初总分类账户及有关明细账户的期初余额如表2-15所示(单位:元)。

(2)佩奇服装有限公司12月发生的经济业务如下。

① 购入布料,价款为50 000元,增值税税额为6 500元;运输费为2 000元,增值税税额为180元,所有款项以银行存款支付,材料验收入库。

表 2-15　企业总分类账户及有关明细账户的期初余额

账户名称	借方余额	账户名称	贷方余额
库存现金	4 700	短期借款	300 000
银行存款	1 360 550	应付账款	85 100
应收账款	180 000	应交税费	42 000
原材料	720 000	应付利息	10 000
库存商品	609 000	实收资本	5 000 000
固定资产	7 000 000	资本公积	100 000
		盈余公积	144 000
		本年利润	1 522 150
		利润分配	786 000
		累计折旧	1 885 000
合　计	9 874 250	合　计	9 874 250

② 仓库发出布料 100 000 元，用于生产卫衣 50 000 元、生产卫裤 50 000 元；发出其他材料 8 000 元，车间耗用 5 000 元，管理部门耗用 3 000 元。

③ 红光公司交来转账支票一张，归还前欠货款 50 000 元，当即送存银行。

④ 发放职工工资 150 000 元，通过银行转入职工个人储蓄账户。

⑤ 本月职工工资分配如下：卫衣生产工人工资 50 000 元，卫裤生产工人工资 50 000 元，车间管理人员工资 20 000 元，行政管理人员工资 30 000 元。

⑥ 每名职工按 100 元标准分配职工福利费，卫衣生产工人分配 2 000 元，卫裤生产工人 2 000 元，车间管理人员分配 1 000 元，行政管理人员分配 1 500 元。

⑦ 计提固定资产折旧 26 000 元，其中车间 14 000 元，厂部 12 000 元。

⑧ 分配制造费用，卫衣、卫裤两种产品各负担制造费用的 50%。

⑨ 本月卫衣投产 1 220 件，卫裤投产 1 220 件，月末全部完工。结转完工产品成本。

⑩ 向红光公司销售卫衣 1 000 件，单价为 200 元，货款合计 200 000 元，增值税税额为 26 000 元；销售卫裤 1 000 件，单价为 200 元，货款合计 200 000 元，增值税税额为 26 000 元，已办妥委托银行收款手续。

⑪ 结转本月已销产品成本，卫衣单位成本为 100 元，卫裤单位成本为 100 元。

⑫ 以银行存款支付电视广告费 12 000 元。

⑬ 以银行存款支付短期借款利息 12 000 元（前两个月已预提 10 000 元）。

⑭ 销售下脚料 5 000 元，增值税税额为 650 元，款项已存入银行。同时结转该材料的实际成本 3 000 元。

⑮ 开出转账支票 20 000 元向受灾地区捐款。

⑯ 分别按本月应交增值税（销项税额 52 000＋650－进项税额 6 500＋180）的 7% 和 3% 计算本月应交城市维护建设税 3 217.9 元、教育费附加 1 379.1 元。

⑰ 将损益类账户本月发生额结转至"本年利润"账户。

⑱ 按本月利润总额的 25% 计算并结转应交所得税(不考虑纳税调整因素)。

⑲ 按全年净利润的 10% 提取法定盈余公积,按全年净利润的 5% 提取任意盈余公积,按全年净利润的 30% 向投资者进行分配。

⑳ "本年利润"和"利润分配"各明细账户结转至"利润分配——未分配利润"账户。

训练要求:

(1) 根据上述经济业务编制会计分录。

(2) 开设 T 形总账并进行登记。

(3) 编制总账试算平衡表。

项目三

会计凭证的填制与审核

学习目标

知识目标：

1. 了解会计凭证的概念与作用。
2. 掌握原始凭证与记账凭证的种类。
3. 掌握原始凭证的基本内容与填制方法。
4. 掌握原始凭证审核的内容与方法。
5. 掌握记账凭证的基本内容与编制方法。
6. 掌握记账凭证审核的内容与方法。
7. 掌握会计凭证的传递与审核方法。

能力目标：

1. 能够识别不同种类的原始凭证。
2. 能够根据给出的原始凭证，判断经济业务的内容。
3. 能够对取得或填制的原始凭证进行审核。
4. 能够根据原始凭证填制专用记账凭证或通用记账凭证。
5. 能够在会计凭证传递的过程中协调好不同岗位及业务部门之间的关系。

素质目标：

1. 培养学生理解问题的能力。
2. 培养学生严密思考问题的能力。
3. 培养学生的团队协作和沟通能力。
4. 培养学生利用财务会计知识服务企业的意识。

课程思政：

会计凭证是保证会计信息真实可靠的必要来源。本项目应培养学生客观公正、廉洁自律、诚实守信、遵规守纪的职业品质，为会计信息使用者提供高效服务。

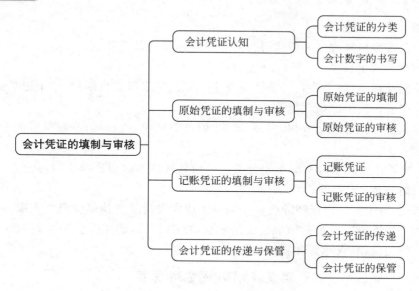

任务一　会计凭证认知

任务描述

小张对于"原始凭证如何准确填写与审核""反映的经济业务内容是什么"都还不熟练，根据原始凭证填制记账凭证时会计科目及记账方向也经常发生错误。为了能早日胜任工作，小张又加强了对会计凭证的学习。我们和小张一起，先从下面两个任务开始。

（1）识别原始凭证与记账凭证，并搜集生活中能作为原始凭证的票据。

（2）熟练运用会计数字小写、大写。

知识引导

一、会计凭证的分类

（一）会计凭证的含义

会计记录必须如实反映会计主体的经济活动情况，因此会计工作要在经济业务发生时，由执行或完成该项经济业务的有关人员从外部取得或自行填制适当的文字记录作为证明文件，以说明经济业务的内容、数量和金额，并在书面证明上签名或盖章，对经济业务的真实、合法性负责。这些证明文件就是会计凭证，用于记录经济业务、明确相关责任，作为登记账簿的书面依据。

如购买原材料时，应由供货单位开出销货发票，列明该项经济业务的内容，并由相关的单位和业务人员签名盖章，以明确经济责任，该发票就是一种会计凭证。

（二）会计凭证的作用

（1）记录经济业务，提供记账依据。

（2）明确经济责任，强化内容控制。

（3）监督经济活动，控制经济运行。

（三）会计凭证的分类

会计凭证按照填制程序和用途可分为原始凭证和记账凭证。

1. 原始凭证及其分类

原始凭证又称单据，是指在经济业务发生或完成时取得或填制的，用于记录或证明经济业务发生或完成情况的原始凭据。

常见的原始凭证有现金收据、发票、支票、银行进账单、收料单、差旅费报销单、产品入库单、领料单等。

（1）原始凭证按其取得来源不同分类。原始凭证按其取得来源不同可分为外来原始凭证和自制原始凭证。

① 外来原始凭证是指在经济业务活动发生或完成时从其他单位或个人取得的收据、发货票等。如购买原材料取得的增值税专用发票（见图3-1），购买办公用品时取得的发票，职工出差报销的飞机票、火车票和餐饮发票等。

黑龙江增值税专用发票

发票联 1200087630　　　　　　　　　　　　　　　　　　　　　No01117041

校验码：2760960304783982478　　　**发 票 联**　　　开票日期：2022 年 12 月 06 日

购买方	名　　称：佳美家具有限公司 纳税人识别号：44010120ABC1820T2M 地　址　、电话：哈尔滨市道里区南岗工业园区 0451-88×××55 开户行及账号：中国工商银行南岗支行 3522125384089		密码区	5％59＃＞％＆*962@＞％@*7＆*＃$* ＃$*75402@*79$9＆*＃$9＆$*＃$96＆ ＜＃＞％＃$92@*7＞％＆*9*$＆＜＃ ＞4＃40@％＆*＃$9＞276＜

货物或应税劳务、服务名称	规格型号	单　位	数　量	单　价	金　额	税率	税额
*木制品*板材		张	2 000	200	400 000	13％	52 000
合计					400 000		52 000

价税合计（大写）	⊗肆拾伍万贰仟元整	（小写）￥ 452 000.00

销售方	名　　称：牡丹江市建兴木材有限公司 纳税人识别号：88331234CDE5678P9N 地　址、电话：牡丹江市兴中路××号 0453-64×××75 开户行及账号：工商银行开发区支行 0402000000101	备注	牡丹江市建兴木材有限公司 88331234CDE5678P9N 发票专用章

收款人：　　　　　　复核：　　　　　　开票人：　　　　　　销售方：（章）

图 3-1　增值税专用发票

② 自制原始凭证是指本单位内部经办业务的部门和人员，在执行或完成某项经济业务时填制的，仅供本单位内部使用的原始凭证。如领料单、产成品入库单和借款单（见图3-2）等。

右侧竖排：第三联：发票联　购买方记账凭证

借　款　单

2022 年 1 月 1 日　　　　　　　　　　　　　第 202101 号

借款部门:销售部			
借款金额:人民币(大写)贰仟元整			￥:2 000.00
借款事由:会议费			
单位负责人	部门负责人	财务负责人	借款人
王强	张丽	吴艳玲	赵红

图 3-2　借款单

（2）原始凭证按其填制手续和内容不同分类。原始凭证按其填制手续和内容不同可分为一次凭证、累计凭证和汇总凭证。

① 一次凭证是指一次填制完成，只记录一笔经济业务且仅一次有效的原始凭证。例如，收据、收料单（见图 3-3）、发货票和银行结算凭证等都是一次原始凭证。

收　料　单

供货单位:×市兴盛公司　　　　　　　　　　　　　　　　　材料类别:原材料
发票号码:0028637　　　　　　2022 年 7 月 4 日　　　　　材料仓库:2

材料编号	材料名称（规格）	单位	数量		实际成本										
			应收	实收	单价	发票价格	运费	金　额							
								百	十	万	千	百	十	元	角	分
	木材	千克	3 000	3 000	20.00	60 000		￥	6	0	0	0	0	0	0
	合　计							￥	6	0	0	0	0	0	0
备　注:							附单据 1 张								

核算:(印)　　　主管:(印)　　　保管:(印)　　　检验:(印)　　　交库:(印)

图 3-3　收料单

② 累计凭证是指在一定时期内多次记录发生的同类型经济业务且多次有效的原始凭证。限额领料单就是一种累计原始凭证，如图 3-4 所示。

限额领料单

领料单位:　　　　　　　　　　　　　　　　　　　　　　　编号:
用途:　　　　　　　　　年　月　日　　　　　　　　　　　发料仓库:

材料类别	材料编号	材料名称规格	计量单位	单价		全月领用限额	全　月　实　领	
							数量	金额
日期	请　领		实　发			退　料			限额结余
	数量	领料单位负责人	数量	发料人	领料人	数量	退料人	收料人	
合计									

供应部门负责人:　　　　　生产计划部门负责人:　　　　　　仓库负责人:

图 3-4　限额领料单

③ 汇总凭证也叫原始凭证汇总表,是指对一定时期内反映相同经济业务内容的若干张原始凭证,按照规定标准汇总填制的原始凭证。如发料凭证汇总表(见图 3-5)、工资结算汇总表、差旅费报销单等。汇总凭证既可以提供经营管理所需要的总量指标,又可以大幅简化核算手续。

发料凭证汇总表

年　　月　　日　　　　　　　　　　　　附领料单　　份

应借科目	木材	板材	黏合胶	五金件	……	合计
生产成本——衣柜						
生产成本——书柜						
生产成本——机修车间						
生产成本——供气车间						
管理费用						
销售费用						
合计						

主管:　　　　　审核:　　　　　　　　发料:　　　　　　　保管:

图 3-5　发料凭证汇总表

(3) 原始凭证按其格式、使用范围不同分类。原始凭证按其格式、使用范围不同可分为通用凭证和专用凭证。

① 通用凭证是指由有关部门统一印制的在一定范围内使用的具有统一格式和使用方法的原始凭证,如由银行统一印制的"汇款凭证"、由税务部门统一印制的"发票"等。

② 专用凭证是指由单位自行印制的仅在本单位内部使用的原始凭证,如差旅费报销单、领料单、折旧计算表、工资费用分配表等。

有些原始凭证按照不同分类标准可分别属于不同的种类。例如,"收料单"既是自制原始凭证,又是专用原始凭证,也是一次凭证。外来的凭证大多为一次凭证,累计凭证大多为自制原始凭证。

2. 记账凭证及其分类

记账凭证又称记账凭单,是指会计人员根据审核无误的原始凭证,按照经济业务的内容加以归类,并据以确定会计分录后所填制的会计凭证,作为登记账簿的直接依据。记账凭证是介于原始凭证与账簿之间的凭证。

1) 记账凭证按其用途分类

记账凭证按其用途可分为专用记账凭证和通用记账凭证。

(1) 专用记账凭证是指分类反映经济业务的记账凭证。按其反映的经济业务内容,专用记账凭证可分为收款凭证、付款凭证和转账凭证三种。

① 收款凭证是专门用于记录库存现金、银行存款增加的记账凭证。它既可以作为登记库存现金或银行存款日记账及有关明细账的收款证明凭证,也是出纳员收款的证明。收款凭证如图 3-6 所示。

收 款 凭 证

借方科目　**银行存款**　　　　　　　2022 年 7 月 5 日　　　　　　　　　收字第 8 号

摘　　要	贷方科目		金额									记账
	总账科目	明细科目	百	十	万	千	百	十	元	角	分	
收回前欠货款	应收账款	南江公司			2	0	0	0	0	0	0	
合计			￥	2	0	0	0	0	0			

会计主管　　　　　　记账　　　　　　出纳　　　　　　复核　　　　　　制单

附单据 1 张

图 3-6　收款凭证

② 付款凭证是专门用于记录库存现金和银行存款减少业务的记账凭证。它既可以作为登记库存现金和银行存款日记账及有关明细账的依据,也是出纳员付出款项的证明凭证。付款凭证如图 3-7 所示。

付 款 凭 证

贷方科目:**库存现金**　　　　　　　2022 年 7 月 8 日　　　　　　　　　付字　第 5 号

摘　　要	借方科目		金额									记账
	总账科目	明细科目	百	十	万	千	百	十	元	角	分	
购买办公用品	管理费用	办公费					5	0	0	0	0	
合计							￥	5	0	0	0	

会计主管　　　　　　记账　　　　　　出纳　　　　　　复核　　　　　　制单

附单据 1 张

图 3-7　付款凭证

注意:对于库存现金和银行存款之间的相互划转业务(即存钱或取钱业务),为避免重复记账,一般只填制付款凭证。

③ 转账凭证是指专门用于记录不涉及库存现金和银行存款收付的其他经济业务的记账凭证。它是登记总分类账和明细分类账的依据。转账凭证如图 3-8 所示。

转 账 凭 证

　　　　　　　　　　　　　　　　2022 年 6 月 15 日　　　　　　　　转　字　第　20　号　　附单据　1　张

摘　要	总账科目	明细科目	借方金额								√	贷方金额								√
			十	万	千	百	十	元	角	分		十	万	千	百	十	元	角	分	
计提折旧	制造费用	折旧费		1	2	2	0	0	0	0										
	管理费用	折旧费		2	3	0	0	0	0	0										
		累计折旧											3	5	2	0	0	0	0	
合　　　计			￥	3	5	2	0	0	0	0		￥	3	5	2	0	0	0	0	

会计主管　　　　　　记账　　　　　　复核　　　　　　制单

图 3-8　转账凭证

（2）通用记账凭证是指用于反映所有经济业务的记账凭证，为各类经济业务所共同使用，其格式与转账凭证基本相同。通用记账凭证如图 3-9 所示。

记　账　凭　证　　　　　　　　第　1　号

2022 年 8 月 1 日　　　　　　　　附单据　1　张

摘　　要	总账科目	明细科目	借方金额								√	贷方金额								√
			十	万	千	百	十	元	角	分		十	万	千	百	十	元	角	分	
提现	库存现金			5	0	0	0	0	0											
	银行存款												5	0	0	0	0	0		
合　　　计			¥	5	0	0	0	0	0			¥	5	0	0	0	0	0		

会计主管　　　　　　记账　　　　　　　复核　　　　　　　制单

图 3-9　通用记账凭证

2）记账凭证按其填列方式分类

记账凭证按其填列方式可分为单式记账凭证和复式记账凭证。

（1）单式记账凭证是指只填列经济业务所涉及的一个会计科目及其金额的记账凭证。经济业务涉及几个账户，就要填制几张记账凭证。

（2）复式记账凭证是指将每一笔经济业务所涉及的全部科目及其发生额均在同一张记账凭证中反映的一种凭证。通用记账凭证、收款凭证、付款凭证、转账凭证均属于复式记账凭证。

二、会计数字的书写

数字是会计人员反映经济活动的主要载体。常用的数字书写有两种：一种是阿拉伯数字书写；另一种是中文大写数字书写。通常，将前一种数字表示的金额称为小写金额，将后一种数字表示的金额称为大写金额。数字的书写要求清楚、正确、规范。

（一）阿拉伯数字书写

阿拉伯数字是世界各国的通用数字，书写的顺序是由高位到低位、从左到右依次写出各位数字。阿拉伯数字书写规范是指要符合手写体的规范要求。其书写规范的要求如下。

（1）高度。每个数码要紧贴底线书写，其高度占全格的 1/2，最高不能超过 2/3，为更正数字留有余地。除 6、7、9 外，其他数码高低要一致。6 的上端比其他数码高出 1/4，7 和 9 的下端比其他数码伸出 1/4。

（2）角度。各数码字的倾斜度要一致，一般要求上端向右倾斜 45°～60°。

（3）间距。每个数码要大小匀称，笔画流畅，独立有形，使人一目了然，不能连笔书写。数码排列应保持同等距离，每个数码上、下、左、右要对齐。

（4）有圆圈的数字。比如 6、8、9、0，圆圈必须封口。不要把 0 和 6、1 和 7、3 和 8、7 和 9 写混。在阿拉伯数码的整数部分，可以从小数点起向左按"三位一节"，空出半个阿拉伯数字的位置或用分位号","分开。

（二）中文大写数字书写

大写数字一律用正楷或者行书体书写。用壹、贰、叁、肆、伍、陆、柒、捌、玖、拾、佰、仟、万、亿、元、角、分、零、整等。大写金额前未印有"人民币"字样的，应加写"人民币"三个字，"人民币"字样和大写金额之间不得留有空白。大写金额到元或角止的，后面要写"整"或"正"字；有分的，不写"整"或"正"字。

（三）大小写金额书写

在原始凭证填制过程中，大小写金额必须相符，且填写规范。

（1）阿拉伯金额数字之前要填写人民币符号"¥"，人民币符号"¥"与阿拉伯数字之间不得留有空白，金额一律填写到角分，无角分的，写"00"或"—"，有角无分的，分位写"0"，不得用符号"—"代替。

（2）大写金额前应写有"人民币"三个字，"人民币"字样和大写数字金额之间不得留有空白；大写数字金额到元或角为止的，后面要写"整"或"正"字，如 35.80 元应写成"叁拾伍元捌角整"；大写数字金额有分的，后面不写"整"或"正"字，如 51.56 元应写成"伍拾壹元伍角陆分"。

（3）小写阿拉伯数字金额中间有一个或几个"0"时，大写数字金额应只写一个"零"字，如 100 607 元应写成"壹拾万零陆佰零柒元整"；小写阿拉伯数字金额角位是"0"，而分位不是"0"，大写数字金额元后应写"零"字，如 8 256.03 元应写成"捌仟贰佰伍拾陆元零叁分"；小写阿拉伯数字金额元位是"0"，但角位不是"0"时，大写数字金额可以写"零"字，也可以不写"零"字，如 150.34 元应写成"壹佰伍拾元零叁角肆分"，或写成"壹佰伍拾元叁角肆分"；小写阿拉伯数字金额最高位是"1"时，大写数字金额应加写"壹"字，如 19.20 元，应写成"壹拾玖元贰角整"。

> **任务实施**

（1）能识别原始凭证与记账凭证，并能搜集生活中能作为原始凭证的票据。

教师可把教学中积累的原始凭证及记账凭证在学习前发到学生手中，让学生识别，并引导学生确定票据所反映的经济业务内容；同时以任务的方式，让学生搜集生活中所见到的能作为会计凭证的原始票据。以小组为单位实施任务，并给出评价。

（2）熟练会计数字小写、大写、大小写。

① 把会计账簿发到学生手中，让学生在账页中练习书写会计数字小写、大写，可以组织一次小比赛。

② 训练：给出小写，让学生写出大写；给出大写，让学生写出小写。

> **任务训练**

训练目的：熟悉会计数字的书写规范，掌握会计数字的书写技巧。

训练内容：在表 3-1 中填入空缺的小写或大写金额。

表 3-1　会计数字的书写

小写金额	大写金额
	叁拾伍元捌角整
	伍拾壹元伍角陆分
	壹拾万零陆佰零柒元整
	捌仟贰佰伍拾陆元零叁分
	壹佰伍拾元零叁角肆分
	壹拾玖元贰角整
101 010.00	
2 000 345.05	
980 603.50	
150 020.00	
486 572.67	
100 000.78	

任务二　原始凭证的填制与审核

▶ 任务描述

前面我们和小张一起认识了会计凭证，那么会计凭证该如何填制和审核呢？我们接下来先学习原始凭证的填制与审核方法。

2022 年 8 月 2 日收到新意公司交来的违约金 1 000 元。小张据此如何填制"收款收据"等原始凭证？

▶ 知识引导

一、原始凭证的填制

原始凭证的填制

（一）原始凭证的基本内容

企业的经济业务是多种多样、纷繁复杂的，反映其具体内容的原始凭证也是多种多样的。比如，发票应记载原材料的品名、数量、单价、金额；借款单应反映借款事由、借款金额及有关领导的审批等内容。因此，各种原始凭证尽管格式不一样、项目不一样，但都应该具备以下共同的基本内容，这些基本内容就是每一张原始凭证应具备的要素。

（1）原始凭证的名称。

（2）填制原始凭证的日期。

（3）填制原始凭证的单位名称和填制人姓名。

（4）接受凭证的单位名称。

（5）经办人员的签名或盖章。

（6）经济业务内容，如品名、数量、单价、金额大小写、填制原始凭证的单位财务章等。

（二）原始凭证的填制要求

1. 记录真实

经济业务的内容、数字等必须真实可靠、符合实际情况。

2. 内容完整

项目必须逐项填列齐全，不得遗漏和省略。原始凭证中的年、月、日要按照填制原始凭证的实际日期填写；名称要齐全，不能简化；品名或用途要填写明确，不能含糊不清；有关人员的签章必须齐全。

3. 手续完备

（1）单位自制的原始凭证必须有经办单位领导人或指定的人员签名、盖章。

（2）对外开出的原始凭证必须加盖本单位的公章。

（3）从外部取得的原始凭证必须盖有填制单位的公章。

（4）从个人取得的原始凭证必须有填制人员的签名或盖章。

4. 书写清楚、规范

文字的书写要字迹清楚，不得使用未经国务院公布的简化汉字，见前边会计数字的书写要求。

5. 编号连续

一式几联的原始凭证必须注明各联的用途，并且只能以一联用作报销凭证。作废时应加盖“作废”戳记，连同存根一起保存。

6. 不得涂改、刮擦和挖补

原始凭证如有错误，应当由出具单位重开或更正，更正处应当加盖出具单位印章。原始凭证金额有错误的，应当由出具单位重开，不得在原始凭证上更正。

7. 填制及时

原始凭证应当及时填写、及时送交会计机构、及时审核。

二、原始凭证的审核

（一）原始凭证审核的基本内容

1. 真实性

真实性是指审核原始凭证日期是否真实、业务内容是否真实、数据是否真实等内容。

2. 合法性

合法性审核是指审核原始凭证所记录的经济业务是否有违反国家法律法规的问题。

3. 合理性

合理性是指审核原始凭证所记录的经济业务是否符合企业生产经营活动的需要、是否符合有关的计划和预算等。

4. 完整性

完整性是指审核原始凭证的内容和填制手续是否具备其基本内容、填写有无缺陷、有关人员签章是否齐全等。

5. 正确性

正确性主要是指审核原始凭证各项金额的计算及填写是否正确。

原始凭证的
审核

6. 及时性

及时性是指审核原始凭证是否在经济业务发生或完成时及时填制并及时传递。审核时应注意对支票等时效性强的原始凭证要仔细验证其签发日期。

【训练 3-1·单选题】 下列不属于原始凭证审核内容的是（　　）。

A. 凭证是否有单位的公章和填制人员签单　　B. 凭证是否符合规定的审核程序

C. 凭证是否符合有关计划和预算　　　　　　D. 会计科目使用是否正确

（二）原始凭证审核结果的处理

（1）对于完全符合要求的原始凭证，应当及时据以编制记账凭证并入账。

（2）对于真实合法、合理但内容不够完整、填写有错误的原始凭证.应退回给有关经办人员，由其负责将其补充完整、更正错误或重开后再办理正式会计手续。

（3）对于不真实、不合法的原始凭证，会计机构、会计人员有权不予接受，并向单位负责人报告。

【训练 3-2·单选题】 会计机构和会计人员对不真实、不合法和违规收支的原始凭证应当（　　）。

A. 予以退回　　　　　　　　　　　　B. 予以纠正

C. 不予接受　　　　　　　　　　　　D. 不予接受，并向单位负责人报告

▶ 任务实施

小张收到违约金 1 000 元后填写的"收款收据"如图 3-10 所示。

收　款　收　据

2022 年 8 月 2 日　　　　　　　　　　　　　　　　第 202221 号

交款单位：新意公司	收款方式：现金	
收款金额：人民币（大写）　壹仟元整		￥：1 000.00
收款事由：违约金　　　现金收讫		
单位负责人	部门负责人	财务负责人	收款人
××	××	××	××

第二联交给付款单位

图 3-10　收款收据

▶ 任务训练

训练目的：熟悉原始凭证的内容，掌握原始凭证的填写。

训练内容：2022 年 6 月 21 日，万恒公司从南方公司购入主要材料 A 材料 3 200 吨，单价为 50 元，已验收入库，款项已付。

训练要求：请根据所学内容填写收料单，如图 3-11 所示。

收　料　单

供货单位：　　　　　　　　　　　年　月　日　　　　　　　　　编号：20220608

材料类别	材料编号	材料名称及规格	计量单位	数量	单价	金额
备注：					合计：	

仓库保管员：　　　　　　　　　采购业务员：　　　　　　　　　供应科长：

图 3-11　收料单

任务三　记账凭证的填制与审核

▶ 任务描述

　　2022 年 8 月 2 日，小张所在的财务部门收到新意公司交来的违约金 1 000 元，小张如何填制记账凭证？

▶ 知识引导

一、记账凭证

（一）记账凭证的基本内容

　　记账凭证是登记账簿的依据。由于原始凭证只表明经济业务的内容，而且种类繁多，数量庞大、格式不一，不能直接用于记账。为做到分类反映经济业务的内容，必须按会计核算方法的要求将其归类整理后编制记账凭证，标明经济业务应记入的账户名称及应借应贷的金额，作为直接记账的依据，因此，记账凭证必须具备以下内容。

　　（1）填制凭证的日期。

　　（2）凭证编号。

　　（3）经济业务的内容摘要。

　　（4）经济业务应记录账户（会计科目）的名称、记账方向和金额。

　　（5）所附原始凭证的张数和其他附件资料。

　　（6）填制记账凭证人员、稽核人员、记账员、出纳员、会计主管人员的签名或盖章。

（二）记账凭证的填制要求

　　记账凭证是根据审核无误的原始凭证或原始凭证汇总表填制的，除必须做到记录真实、内容完整、书写规范清楚、手续完备、填制及时外，还应符合下列要求。

　　（1）填写记账凭证的日期。记账凭证的日期应为编制凭证的日期，不是经济业务发生的日期。

　　（2）填写摘要栏。针对经济业务的特点，摘要栏的填写要做到真实、简明扼要。

　　（3）正确确定会计分录。根据经济业务内容正确确定会计分录，写明必要的明细科目。

（4）记账凭证应连续编号。以每个月为单位，编号从"1号"编起，后边连续编号。采用通用记账凭证，按经济业务发生的顺序编号。采用专用记账凭证，编号为（现、银）收字第×号、（现、银）付字第×号、转字第×号。一笔经济业务需要填制两张或两张以上记账凭证的，可以采用分数编号法进行编号。例如，第8笔经济业务需要填制2张记账凭证，凭证顺序号编成 $8\frac{1}{2}$ 号、$8\frac{2}{2}$ 号，前面的数表示凭证顺序，后面分数的分母表示该号凭证共有2张，分子表示两张凭证中的第一张、第二张。

（5）注明所附原始凭证的张数。除结账和更正错误外，记账凭证必须附有原始凭证并注明所附原始凭证的张数。所附原始凭证张数的计算，一般以原始凭证的自然张数为准。一张原始凭证如涉及几张记账凭证，可以将该原始凭证附在一张主要的记账凭证后面，在其他记账凭证上注明该主要记账凭证的编号或者附上该原始凭证的复印件。

（6）正确处理填错的记账凭证。填错的记账凭证如未记账，应当重新填制；如已登记入账，应按规定的方法进行更正（参见会计账簿中的更正错账）。

（7）划线注销。记账凭证填制完成后，如有空行，应当自金额栏最后一笔金额数字下的空行处至合计数上的空行处划线注销。

【训练3-3·单选题】 可以不附原始凭证的记账凭证是（   ）。

A. 更正错误的记账凭证

B. 从银行提取现金的记账凭证

C. 以现金发放工资的记账凭证

D. 职工临时性借款的记账凭证

【训练3-4·单选题】 填制记账凭证时，下列做法中错误的是（   ）。

A. 根据每一张原始凭证填制

B. 根据若干张同类原始凭证汇总填制

C. 将若干张不同内容和类别的原始凭证汇总填制在一张记账凭证上

D. 根据原始凭证汇总表填制

（三）记账凭证的填制

1. 收款凭证的填制

收款凭证是根据现金或银行存款收款业务的原始凭证填制的。日期填写填制凭证时的日期。"摘要"栏内应填写经济业务的简要说明。左上方"借方科目"栏后应填写"库存现金"或"银行存款"科目。"贷方科目"栏应填写与收入现金或银行存款相对应的一级科目和二级或明细科目。各一级科目的应贷金额应填入与本科目同一行的"一级科目金额"栏中，所属明细科目应贷金额应填入与各明细科目同一行的"明细科目金额"栏中。各一级科目应贷金额应等于所属各明细科目应贷金额之和。借方科目应借金额应为"合计"行的合计金额。"记账"栏注明记入总账或日记账、明细账的页次，也可以划"√"表示已登记入账。"附件张数"填写所附原始凭证的张数。收款凭证的填制如图3-12所示。

收 款 凭 证

借方科目 银行存款 2022 年 1 月 4 日 银收字 第 1 号

摘 要	贷方		金额									记账
	总账科目	明细科目	百	十	万	千	百	十	元	角	分	
销售产品	主营业务收入	衣柜		1	0	0	0	0	0	0	0	
	应交税费	应交增值税			1	3	0	0	0	0	0	
合计			¥	1	1	3	0	0	0	0	0	

附单据 2 张

会计主管：×× 记账：×× 出纳：×× 复核：×× 制单：××

图 3-12 收款凭证

2. 付款凭证的填制

付款凭证是根据现金或银行存款付款业务的原始凭证填制的。左上方"贷方科目"应填写"库存现金"或"银行存款"科目。"借方科目"栏应填写与付出现金或银行存款相对应的一级科目和二级或明细科目。其他内容与收款凭证基本相同。付款凭证的填制如图 3-13 所示。

付 款 凭 证

贷方科目:库存现金 2022 年 7 月 5 日 现付字 第 6 号

摘 要	借方		金额									记账
	总账科目	明细科目	百	十	万	千	百	十	元	角	分	
预借差旅费	其他应收款	张力				4	0	0	0	0	0	
合计						¥	4	0	0	0	0	0	

附单据 1 张

会计主管：×× 记账：×× 出纳：×× 复核：×× 制单：××

图 3-13 付款凭证

注意：出纳人员对于已经收讫的收款凭证和已经付讫的付款凭证，以及它们所附的有关原始凭证，都要加盖"收讫"和"付讫"的戳记，以免发生重收、重付等差错。

3. 转账凭证的填制

转账凭证是根据不涉及现金和银行存款收付的转账业务的原始凭证填制的。"会计科目"栏应分别填写应借应贷的一级科目和所属二级或明细科目。借方科目的应记金额，在与借方科目同一行的"借方金额"栏填记；贷方科目的应记金额，在与贷方科目同一行的"贷方金额"栏填记；"借方金额"栏合计数与"贷方金额"栏合计数应相等。其他内容的填制方法与收款凭证、付款凭证基本相同。转账凭证的填制如图 3-14 所示。

转 账 凭 证　　　　　　　　　　　　　　转字 第 _10_ 号
2022 年 7 月 12 日　　　　　　　　　　　　　附单据 _2_ 张

摘　　要	总账科目	明细科目	借方金额								√	贷方金额								√
			十	万	千	百	十	元	角	分		十	万	千	百	十	元	角	分	
购入	原材料	木材		6	0	0	0	0	0	0										
材料	应交税费	增值税			7	8	0	0	0	0										
	应付账款	华兴公司											6	7	8	0	0	0	0	
合　　　　计			¥	6	7	8	0	0	0	0		¥	6	7	8	0	0	0	0	

会计主管：×× 　　　 记账：×× 　　　 复核：×× 　　　 制单：××

图 3-14　转账凭证

4. 通用记账凭证的填制及要求

通用记账凭证的填制方法与转账凭证的填制方法基本相同。经济业务涉及的会计科目全部填写在"会计科目"栏内，借方科目在先，贷方科目在后，借方科目的金额填入"借方金额"栏，贷方科目的金额填入"贷方金额"栏。通用记账凭证的填制如图 3-15 所示。

记 账 凭 证　　　　　　　　　　　　　　　第 _9_ 号
2021 年 1 月 31 日　　　　　　　　　　　　　附单据 _1_ 张

摘　　要	总账科目	明细科目	借方金额								√	贷方金额								√
			十	万	千	百	十	元	角	分		十	万	千	百	十	元	角	分	
结转本月已销产品成本	主营业务成本	衣柜		6	0	0	0	0	0	0										
	主营业务成本	书柜		8	0	0	0	0	0	0										
	库存商品	衣柜											6	0	0	0	0	0	0	
	库存商品	书柜											8	0	0	0	0	0	0	
合　　　　计			¥	1	4	0	0	0	0	0	¥	1	4	0	0	0	0	0		

会计主管：×× 　　　 记账：×× 　　　 复核：×× 　　　 制单：××

图 3-15　通用记账凭证

记账凭证的审核

二、记账凭证的审核

记账凭证编制完毕后，必须经过认真审核才能作为登记账簿的依据。记账凭证审核的主要内容包括内容是否真实、项目是否齐全、科目是否正确、金额是否正确、书写是否规范、手续是否完备，尤其要审核出纳人员在办理收款或付款业务后，是否已在原始凭证上加盖"收讫"或"付讫"的戳记。

【训练 3-5·多选题】　下列属于审核记账凭证内容的是(　　　)。

A. 经济业务是否符合国家有关政策的规定

B. 凭证的金额与所附原始凭证的金额是否一致

C. 经济业务是否符合会计主体经济活动的需要

D. 科目是否正确

▶ 任务实施

　　小张收到新意公司交来的违约金,应填制收款凭证。该收款凭证所附的原始凭证是任务一中的"收款收据",小张按要求编制的收款凭证如图 3-16 所示。

收　款　凭　证

借方科目　**库存现金**　　　　　　　　2022 年 8 月 2 日　　　　　　　　　收字第　2　号

摘　　要	贷方		金额									记账
	总账科目	明细科目	百	十	万	千	百	十	元	角	分	
收到违约金	营业外收入	新意公司			1	0	0	0	0	0	0	
合计			¥		1	0	0	0	0	0	0	

附单据1张

会计主管　　　　记账　　　　出纳　　　　复核　　　　制单

图 3-16　收款凭证

 思政园地

　　甲企业采用的是收付转专用凭证,2022 年 8 月 1 日,出纳去银行提取现金 5 000 元备用。对此业务,王同学认为甲企业应该用收款凭证,原因是甲企业收到了现金 5 000 元;李同学认为应该用付款凭证,原因是甲企业的银行存款减少了 5 000 元。对此两人争论了起来,都认为自己说的有道理。

请问:

(1) 你认为哪个同学说的有道理? 应该用哪种凭证?

(2) 你若是会计人员,这个凭证应该怎么填写?

(3) 在填写凭证的过程中,工作人员应具备哪些专业素质和政治素养?

要求:同学们以小组为单位进行讨论,在班级分享讨论结果。

▶ 任务训练

　　训练目的:熟悉记账凭证的内容,掌握各种始凭证的填写方法。

　　训练内容:万恒公司为增值税一般纳税人,2022 年 7 月发生下列经济业务事项。

　　(1) 5 日,向工商银行借入期限为 3 个月的借款 100 000 元,利率为 6%,借款到期还本付息,款项存入银行。

（2）12 日,向南方公司购买 A 材料一批,价款为 40 000 元,增值税税额为 4 200 元,价税款合计签发一张明限为 3 个月的商业汇票抵付。材料已验收入库。

（3）15 日,发出 A 材料 8 000 元,其中生产产品领用 4 000 元,车间一般耗用 3 000 元,管理部门耗用 1 000 元。

（4）20 日,从银行提取现金 20 000 元备用。

（5）22 日,以银行存款支付产品广告费 30 000 元。

训练要求:根据上述业务分别采用专用记账凭证和通用记账凭证编制记账凭证(记账凭证自备)。

任务四　会计凭证的传递与保管

▶️ 任务描述

通过前面的学习,原始凭证有的是外来的,有的是不用部门自制的,那么这些原始凭证要经过什么程序到达会计人员手中？登记入账后的会计凭证又怎么处理呢？我们和小张一起来学习以下内容。

（1）会计凭证的传递及内容。

（2）会计凭证的保管。

▶️ 知识引导

一、会计凭证的传递

1. 会计凭证传递的概念

会计凭证的传递是指从会计凭证的取得或填制时起至归档保管过程中在单位内部有关部门和人员之间的传送程序。会计凭证的传递应当满足内部控制制度的要求,使传递程序合理有效,同时尽量节约传递时间,减少传递的工作量。各单位应根据具体情况确定每一种会计凭证的传递程序和方法。

2. 会计凭证传递的内容

会计凭证的传递具体包括传递程序和传递时间。

各单位应根据经济业务特点、内部机构设置、人员分工和管理要求,具体规定各种凭证的传递程序;根据有关部门和经办人员办理业务的情况,确定凭证的传递时间。

二、会计凭证的保管

会计凭证的保管是指会计凭证记账后的整理、装订、归档和存查工作。

（1）会计凭证应定期装订成册,防止散失。会计部门在依据会计凭证记账以后,应定期（每天、每旬或每月）对各种会计凭证进行分类整理,将各种记账凭证按照编号顺序,连同所附的原始凭证一起加具封面和封底,装订成册,并在装订线上加贴封签,由装订人员在装订线封签处签名或盖章。

（2）会计凭证封面书写。会计凭证封面应注明单位名称、凭证种类、凭证张数起止号

会计凭证的
保管

数、年度、月份会计主管人员和装订人员等有关事项,会计主管人员和保管人员应在封面上签章。

（3）会计凭证应加贴封条,防止抽换凭证。原始凭证不得外借,其他单位如有特殊原因确实需要使用时,经本单位会计机构负责人（会计主管人员）批准,可以复制。向外单位提供的原始凭证复制件,应在专设的登记簿上登记,并由提供人员和收取人员共同签名、盖章。

（4）原始凭证较多时可单独装订。但应在凭证封面注明所属记账凭证的日期、编号和种类,同时在所属的记账凭证上应注明"附件另订"及原始凭证的名称和编号,以便查阅。

对各种重要的原始凭证,如押金收据、提货单等,以及各种需要随时查阅和退回的单据应另编目录,单独保管,并在有关的记账凭证和原始凭证上分别注明日期和编号。

（5）每年装订成册的会计凭证在年度终了时可暂由单位会计机构保管一年。期满后应当移交本单位档案机构统一保管,未设立档案机构的,应当在会计机构内部指定专人保管。出纳人员不得兼管会计档案。

（6）严格遵守会计凭证的保管期限要求,期满前不得任意销毁。

任务实施

（1）会计凭证的传递及内容（见知识引导）。

（2）会计凭证的保管（见知识引导）。

任务训练

训练目的:熟悉具体业务事项涉及的会计传递顺序。

训练内容:万恒公司销售收款循环中的主要业务活动包括:①接受顾客订单;②批准赊销信用;③按销售单供货;④按销售单装运货物;⑤向顾客开具账单（销售发票）;⑥记录销售;⑦办理和记录现金、银行存款收入;⑧办理和记录退货、销货折扣与折让;⑨处理坏账。如何认知"销售单"这一凭证在企业销售收款循环中的主要流程?在相关部门之间如何进行传递?

项目四

会计账簿的设置与登记

🔘 学习目标

知识目标：

1. 了解会计账簿及其种类。

2. 理解各类会计账簿的设置及启用。

3. 熟练掌握日记账、明细分类账及总分类账的设置和登记方法。

4. 理解总分类账与明细分类账平行登记的要点。

5. 熟练掌握对账与结账的方法及错账查找与更正的方法。

6. 了解会计账簿的更换与保管。

能力目标：

1. 能够正确填写账簿启用及交接表，能够建立各种账簿。

2. 能够根据记账凭证正确地登记现金日记账、银行存款日记账、明细分类账和总分类账。

3. 能够根据会计基础工作规范采用正确的方法更正错账。

4. 能够按照期末结账的基本要求和基本方法办理月末、年末结账手续，以及新会计年度更换新账。

素质目标：

1. 培养学生分析、判断及理解问题的能力。

2. 培养学生严密思考问题的能力。

3. 培养学生的团队协作和沟通能力。

课程思政：

培养学生认真细致、严谨耐心、坚持原则、不做假账的工作态度，以及根据国家经济政策变化及时调整企业管理方法的能力和终身学习的能力。

学习导图

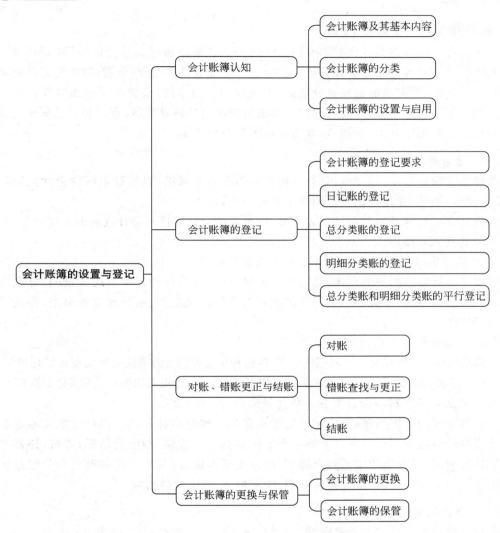

任务一　会计账簿认知

任务描述

　　小张在财务部门学习了一段时间的填制和审核凭证之后,基本掌握了公司经济业务的凭证处理,顺利通过业务考核,具备了作为一名财务工作人员的基本素质。为帮助小张适应财务岗位的需求,主管又安排她到审计部门学习查账。要查账,首先要了解公司都设有哪些账簿,账簿的日常登记是否正确,如果出现登记错误又该如何更正,小张能完成下一轮的考核任务吗?下面就让我们和小张一起开始学习吧。

▶ 知识引导

一、会计账簿及其基本内容

设置和登记账簿是会计核算的专门方法之一。各单位通过会计凭证的填制和审核，将每日发生的经济业务记录在会计凭证上。但会计凭证数量多、资料分散，每张凭证只能记载个别的经济业务，所提供的信息是分散的、不系统的。为连续、系统地反映和监督各单位在一定时期内某一类经济业务的活动情况，形成系统的会计核算资料，有必要把凭证所记录的大量分散的资料加以分类、整理，这就需要设置和登记账簿。

（一）会计账簿及其作用

会计账簿简称账簿。它是由具有一定格式的账页组成的，以经过审核的会计凭证为依据，用于全面、系统、连续地记录各项经济业务的簿籍。

设置和登记账簿是编制会计报表的基础，是联结会计凭证与会计报表的中间环节，在经济管理中具有重要作用。

1. 为经营管理提供比较系统、完整的会计核算资料

账簿是会计信息的重要载体，通过账簿记录，可以对会计凭证提供的大量的、分散的会计核算资料进行整理、分类、汇总，把经济业务的发生情况全面、系统地反映出来，提供经营管理所必需的会计信息。

2. 为编制会计报表提供依据

账簿能提供一个单位在一定时期内资产、负债和所有者权益的增减变动及期末结存情况，以及收入和费用的发生、净利润的实现和分配的情况，为编制会计报表提供总括和具体的资料。

3. 为开展财务分析和会计检查工作提供依据

账簿是重要的经济档案，设置和登记账簿有利于保存会计资料。通过定期或不定期地对账簿资料进行检查、分析，可以了解一个单位贯彻有关政策、制度的情况，考核、评价有关计划的执行情况，对资金使用是否合理、费用开支是否符合标准、利润的形成与分配是否符合规定等做出分析和评价，从而找出差距，挖掘潜力，提出改进措施。

（二）会计账簿的基本内容

会计账簿的格式尽管多种多样，但一般都应具备以下基本内容，如图 4-1 所示。

图 4-1　会计账簿的基本内容

（1）封面。封面主要用于标明账簿的名称，如总分类账、各种明细分类账、库存现金日记账、银行存款日记账等。

（2）扉页。扉页主要用于列明会计账簿的使用信息,如科目索引、账簿启用和经管人员一览表等。

（3）账页。账页是账簿用于记录经济业务的主要载体,包括账户的名称、日期栏、凭证种类和编号栏、摘要栏、金额栏,以及总页次和分户页次等基本内容。

动脑筋

已经有了记账凭证记录经济业务,为什么还要会计账簿呢?

（三）会计账簿与账户的关系

账簿与账户的关系是形式和内容的关系。账簿是由若干账页组成的一个整体,账簿中的每一张账页就是账户的具体存在形式和载体,没有账簿,账户就无法存在;账簿序时、分类地记录经济业务,是在各个具体的账户中完成的。账簿只是一个外在形式,账户才是它的实质内容。

【训练 4-1·多选题】　账簿与账户的关系是(　　　)。

A. 账户存在于账簿中,账簿中的每一张账页就是账户的存在形式和载体

B. 没有账簿,账户就无法存在

C. 账簿序时、分类地记载经济业务,是在账户中完成的

D. 账簿只是一个外在形式,账户才是它的实质内容

二、会计账簿的分类

为更好地掌握和运用各种账簿,充分发挥账簿在日常经济管理中的重要作用,需要从不同的角度对账簿进行分类。

（一）会计账簿按用途分类

会计账簿按用途分类可以分为序时账簿、分类账簿和备查账簿。

1. 序时账簿

序时账簿又称日记账,是按照经济业务发生时间的先后顺序逐日、逐笔登记的账簿。序时账簿按其记录的内容可分为普通日记账和特种日记账。

（1）普通日记账是用于逐笔记录全部经济业务的序时账簿,如图 4-2 所示。

普 通 日 记 账

年		凭证字号	摘要	对方科目	借方金额											√	贷方金额											√
月	日				十	亿	千	百	十	万	千	百	十	元	角	分		十	亿	千	百	十	万	千	百	十	元	角	分	

图 4-2　普通日记账

（2）特种日记账是用于按发生时间的先后顺序逐笔登记某一特定种类的经济业务发生或完成情况的账簿。我国企业一般都只设置库存现金日记账(图 4-3)和银行存款日记账。

年		凭证字号	摘要	借方金额		贷方金额		借方余额	
月	日			十亿千百十万千百十元角分	√	十亿千百十万千百十元角分	√	十亿千百十万千百十元角分	√

现 金 日 记 账 JOURNAL 第 页

币种:

图 4-3 现金日记账

2. 分类账簿

分类账簿是按照分类账户设置登记的账簿。分类账簿按其反映经济业务的详略程度可分为总分类账簿和明细分类账簿。

（1）总分类账簿又称总账,是根据总分类账户开设的,能够全面地反映企业的经济活动,为编制财务报表提供直接数据资料的账簿。总分类账主要采用三栏式,如图 4-4 所示。

年		凭证		摘要	借方	贷方	借或贷	余额	核对
月	日	种类	号数		千百十万千百十元角分	千百十万千百十元角分		千百十万千百十元角分	

分页: 总页: 总 分 类 账

科目:

图 4-4 总分类账

（2）明细分类账簿又称明细账,是根据明细分类账户开设的,用于提供明细资料的账簿。总账对所属的明细账起统驭作用,明细账对总账进行补充和说明,明细分类账如图 4-5 所示。

明细分类账可采用的格式主要有三栏式、数量金额式和多栏式。

3. 备查账簿

备查账簿又称辅助登记簿或补充登记簿,是指对某些在序时账簿和分类账簿中未能记载或记载不全的经济业务进行补充登记的账簿,如租入固定资产登记簿、代管商品物资登记簿等。

备查账簿只是对其他账簿记录的一种补充,与其他账簿之间不存在严密的依存和钩稽关系。

应收账款　明细分类账

账户名称：三联大厦						总页	分页

2014 年		凭证		摘要	借　方	贷　方	借或贷	余　额
月	日	字	号		十万千百十元角分	十万千百十元角分		十万千百十元角分
1	1			上年结转			借	5 0 0 0 0 0 0
1	6	银收	21	收回贷款		1 7 0 0 0 0 0	借	3 3 0 0 0 0 0
1	9	转	8	售A产品款	2 0 0 0 0 0 0		借	5 3 0 0 0 0 0

图 4-5　明细分类账

备查账簿根据企业的实际需要设置,没有固定的格式要求。

【训练 4-2 · 判断题】　序时账簿又称日记账,是按经济业务发生或完成时间的先后顺序逐日逐笔进行登记的账簿。(　　)

【训练 4-3 · 多选题】　下列各项中,属于备查账簿的有(　　)。

A. 应收账款明细账　　　　　　　　　　B. 工作人员登记簿

C. 受托加工材料登记簿　　　　　　　　D. 租入固定资产登记簿

(二) 会计账簿按账页格式分类

会计账簿按账页格式分类可以分为两栏式账簿、三栏式账簿、多栏式账簿、数量金额式账簿和横线登记式账簿。

1. 两栏式账簿

两栏式账簿是指只有借方和贷方两个金额栏目的账簿,如图 4-6 所示。

转账日记账

年		凭证号	摘要	借方		贷方	
月	日			总账科目	金额	明细科目	金额

图 4-6　两栏式账簿

2. 三栏式账簿

三栏式账簿是指设有借方、贷方和余额三个金额栏目的账簿。各种日记账、总账及资本、债权、债务明细账都可采用三栏式账簿,如图 4-7 所示。

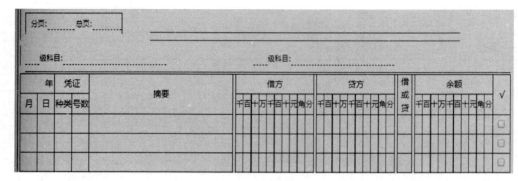

图 4-7　三栏式账簿

3. 多栏式账簿

多栏式账簿是指在账簿的两个金额栏目（借方和贷方）中按需要分设若干专栏的账簿。这种账簿可以按"借方"和"贷方"分别设专栏，也可以只设"借方"或"贷方"专栏，设多少专栏则根据需要确定。收入、成本、费用明细账一般采用这种格式的账簿，如图 4-8 所示。

应交税费（应交增值税）明细账　第 1 页　连续第 页

×年 月 日	凭证字号	摘要	借方 合计	借方 进项税额	借方 已交税金	贷方 合计	贷方 销项税额	借或贷	余额
12 1		期初余额						贷	1896000
5	记04	购原材料	8296000	8296000				借	6400000
6	记05	销售产品				2040000	2040000	借	4360000
6	记07	交纳税金	1896000		1896000			借	6256000
10	记10	购原材料	1700000	1700000				借	7956000
12	记11	销售产品				8160000	8160000	贷	204000
19	记15	销售产品				340000	340000	贷	544000
23	记20	销售材料				2040000	2040000	贷	748000
		本月合计	11892000	9996000	1896000	10774000	10774000		

图 4-8　多栏式账簿

4. 数量金额式账簿

数量金额式账簿是指在账簿的借方、贷方和余额三个栏目内，每个栏目再分设数量、单价和金额三小栏，借以反映财产物资的实物数量和价值量的账簿。原材料、库存商品等明细账一般采用数量金额式账簿，如图 4-9 所示。

5. 横线登记式账簿

横线登记式账簿又称平行式账簿，是指将前后密切相关的经济业务登记在同一行上，以便检查每笔业务的发生和完成情况的账簿。材料采购、在途物资、应收票据和一次性备用金等明细账一般采用横线登记式账簿，如图 4-10 所示。

原材料　进销存
SUBSIDIARY LEDGER OF INVENTORG

总第　　页
分第 **1** 页

部类_____　产地_____　单位 **千克**　规格_____　品名 **甲材料**

21年		凭证字号	摘要	收入			发出			结存			√
月	日			数量	单价	金额 千百十万千百十元角分	数量	单价	金额 千百十万千百十元角分	数量	单价	金额 千百十万千百十元角分	
12	01		期初结存							8500	100	8 5 0 0 0 0 0	
	05	领200301	生产车间领用				400	100	4 0 0 0 0 0	8100	100	8 1 0 0 0 0 0	

图 4-9　数量金额式账簿

材料采购明细账									
年		凭证		摘要	借方			贷方	余额
月	日	种类	号码		买价	采购费用	合计		

图 4-10　横线登记式账簿

（三）会计账簿按外形特征分类

会计账簿按外形特征分类可分为订本式账簿、活页式账簿和卡片式账簿。

1. 订本式账簿

订本式账簿简称订本账，是在启用前将编有顺序页码的一定数量的账页装订成册的账簿，如图 4-11 所示。

图 4-11　订本式账簿

订本式账簿的优点是能避免账页散失和防止抽换账页，其缺点是不便于记账人员分工记账。

订本式账簿一般适用于总分类账、现金日记账、银行存款日记账。

2. 活页式账簿

活页式账簿简称活页账，是将一定数量的账页置于活页夹内，可根据记账内容的变化而随时增加或减少部分账页的账簿，如图 4-12 所示。

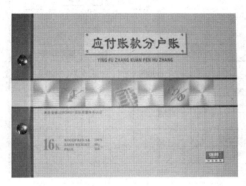

图 4-12 活页式账簿

活页式账簿的优点是记账时可根据实际需要随时将空白账页装入账簿，或抽去不需用的账页，便于同时分工记账；其缺点是账页容易散失或被故意抽换账页。

各种明细分类账一般采用活页式账簿。

 动脑筋

活页式账簿在启用时需要确定页数吗？谈谈使用会计账簿时需要注意的事项。

3. 卡片式账簿

卡片式账簿简称卡片账，是将一定数量的卡片式账页存放于专设的卡片箱中，可以根据需要随时增添账页的账簿。在我国，企业一般只对固定资产明细账的核算采用卡片式账簿，如图 4-13 所示。

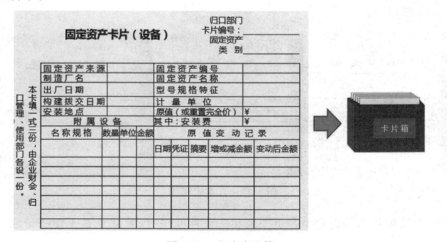

图 4-13 卡片式账簿

【训练4-4·多选题】 下列关于各种账簿形式优缺点的表述中正确的有( )。

A. 订本账的优点是能避免账页散失和防止抽换账页

B. 订本账的缺点是不能准确为各账户预留账页

C. 活页账的优点是记账时可以根据实际需要随时将空白账页装入账簿,或抽取不需要的账页,可根据需要增减账页,便于分工记账

D. 活页账的缺点是如果管理不善,可能会造成账页散失或被故意抽换账页

【训练4-5·单选题】 账簿按( )分为序时账、分类账和备查账。

A. 用途 B. 经济内容 C. 外表形式 D. 会计要素

【训练4-6·单选题】 ( )是对全部经济业务事项按照会计要素的具体类别而设置的分类账户进行登记的账簿。

A. 序时账簿 B. 分类账簿

C. 备查账簿 D. 订本式账簿

【训练4-7·单选题】 下列关于三栏式账簿的说法中错误的是( )。

A. 三栏式账簿是设有借方、贷方和余额三个基本栏目的账簿

B. 各种收入、费用类明细账都采用三栏式账簿

C. 三栏式账簿又分为设对方科目和不设对方科目两种

D. 设有"对方科目"栏的称为设对方科目的三栏式账簿

【训练4-8·单选题】 下列关于账簿形式的选择中错误的是( )。

A. 企业一般只对库存现金明细账的核算采用活页账

B. 银行存款日记账应使用订本账

C. 各种明细分类账一般采用活页账

D. 总分类账一般使用订本账

三、会计账簿的设置与启用

(一)会计账簿的设置

会计账簿的设置包括确定账簿的种类,设计账页的格式和内容,以及规定账簿的登记方法等,每个单位都应根据自身业务的特点和经营管理的需要,设置一定种类和数量的账簿。一般来说,设置会计账簿应遵循以下几项原则。

1. 按照会计法和国家统一会计制度的规定设置

各单位必须依法设置会计账簿。各单位发生的各项经济业务事项应当在依法设置的会计账簿上统一登记、核算,不得违反会计法和国家统一的会计制度的规定,少设、私设会计账簿进行登记、核算。

2. 按照会计业务的需要设置

各单位应根据经济业务的特点和管理要求科学、合理地设置账簿,确保账簿能全面、连续、系统地核算各项经济业务,为经营管理提供系统、分类的会计核算资料。

3. 账簿的设置要组织严密、层次分明

账簿之间要互相衔接、互相补充、互相制约,能清晰地反映账户间的对应关系,以便提供完整、系统的资料。会计账簿的设置既要防止账簿重叠、烦琐复杂,也要防止过于简化,以致不能提供日常管理所需的资料和编制报表的数据。

(二) 会计账簿的启用

为保证账簿记录的合法性、合理性,保证账簿资料的完整性,防止舞弊行为,明确经济责任,会计人员在启用新的账簿时,应在账簿的封面上写明单位名称和账簿名称。登记账簿之前,必须在账簿扉页上的“账簿启用和经管人员一览表”中逐项填明单位名称、账簿名称、账簿编号、账簿页数、账簿启用和交接日期、记账人员姓名、会计主管人员姓名或交接人员及监交人员姓名,并加盖公章或财务专用章。另外,还要按规定粘贴印花税票。

启用订本式账簿应当从第一页到最后一页按顺序编定页数,不得跳页、缺号。使用活页式账簿时应当按账户顺序编号,并须定期装订成册,装订后再按实际使用的账页顺序编定页码,另加目录以便于记明每个账户的名称和页次。账簿启用表如图 4-14 所示。

账簿启用表										
单位名称	湖北襄樊泰明实业有限公司									湖北襄樊泰明实业有限公司 财务专用章
账簿编号	字 第 号 第 册共 册									
账簿页数	本账簿共计 50 页 100 号									
启用日期	20×× 年 1 月 1 日									
经管人员		接管			移交			会计负责人		备注
姓名	盖章	年	月	日	年	月	日	姓名	盖章	
宋秋	宋秋		1	1				张波	张波	

图 4-14 账簿启用表

任务实施

(1) 根据公司的实际情况填写账簿启用及交接表(见任务训练)。

(2) 根据公司的实际情况建立各类会计账簿(见任务训练)。

任务训练

训练目的:熟练掌握会计账簿的设置及启用方法。

训练资料一:佳美公司是一般纳税人,增值税税率为 13%,企业概况如下。

开户银行:中国工商银行道里支行

账 号:3522125384089

地 址:哈尔滨市道里区南岗工业园区 366 号

纳税人识别号:44010120ABC1820T2M

公司法人代表:王强 会计主管:王刚 记账会计:李艳 出纳:赵萌

训练资料二:佳美公司期初账户余额表如表 4-1 所示。

表 4-1 佳美家具有限公司期初账户余额表

2022 年 12 月 1 日

账户名称	借方余额	账户名称	贷方余额
库存现金	3 800	短期借款	400 000
银行存款	916 200	应付账款	
应收账款		——嘉禾木材	500 000
——富康家世界	200 000	长期借款	1 000 000
原材料		实收资本	
——木材	2 000 000	——王强	6 000 000
——板材	1 200 000	——李明	4 000 000
——五金件	80 000	本年利润	
库存商品		利润分配	
——衣柜	1 320 000	——未分配利润	100 000
——书柜	4 280 000		
固定资产	2 000 000		
合　　计	12 000 000	合　　计	12 000 000

训练要求：根据以上资料填写账簿启用表，并建立相关账簿（会计账簿自备）。

任务二　会计账簿的登记

▶ 任务描述

通过任务一学习，小张熟悉了会计账簿的分类，那么各种工作簿应如何登记呢，接下来我们和小张一起来学习以下内容呢。

（1）会计账簿的登记要求和登记方法。

（2）日记账、明细账的登记方法。

（3）总分类账的登记方法。

（4）总账与明细账平行登记的方法。

▶ 知识引导

一、会计账簿的登记要求

1. 准确完整

必须根据审核无误的会计凭证及时登记各类账簿，以保证账簿记录的准确性。登记账簿时应当将会计凭证日期、编号、业务内容摘要、金额和其他有关资料逐项记入账内，做到数字准确、摘要清楚、字迹工整。

2. 注明记账符号

账簿登记完毕后，要在记账凭证上签名或者盖章，并在记账凭证的"记账"栏内注明账簿页数或画对勾表示记账完毕，避免重记、漏记，如图 4-15 所示。

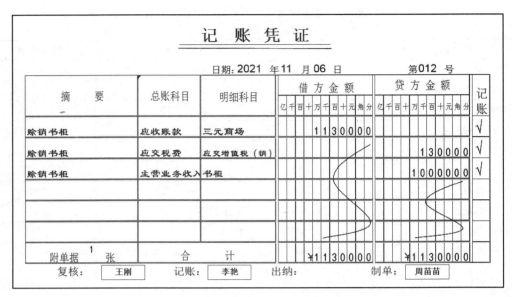

图 4-15   登记账簿后的记账凭证

3. 书写留空

账簿中书写的文字和数字上面要留有适当的空格，不要写满格，一般应占格距的二分之一（不是三分之一）。

4. 正常记账使用蓝黑墨水

为保持账簿记录的持久性，防止涂改，登记账簿必须使用蓝黑墨水或者碳素墨水并用钢笔书写，不得使用圆珠笔（银行的复写账簿除外）或者铅笔书写。

5. 特殊记账使用红墨水

（1）按照红字冲账的记账凭证冲销错误记录，如图 4-16 所示。

明 细 分 类 账
SUBSIDIARY LEDGER

第 ___ 页
连续第 **1** 页

科目编号 A/C NO. __122128__   明细科目 SUB.LED.A/C **深圳新星实业有限公司**   总账科目 GEN.LED.A/C **其他应付款**

22 年		凭证字号	摘要	借方											贷方											借或贷	余额									
月	日			亿	千	百	十	万	千	百	十	元	角	分	亿	千	百	十	万	千	百	十	元	角	分		亿	千	百	十	万	千	百	十	元	角	分
11	03	记005	收包装物押金																2	0	0	0	0	0	0	贷					2	0	0	0	0	0	0
12	11	记011	冲销11月3日05号多记																1	8	0	0	0	0	0	贷						2	0	0	0	0	0

图 4-16   红字冲账

（2）在不设借贷等栏的多栏式账页中登记减少数，如图 4-17 所示。

生 产 成 本 账明细账
SUBSIDIARY LEDGER OF PRODUCTIVE COST

总账科目 生产成本
产品名称 B产品
规格型号
计量单位 个

第 1 页
连续第 页

22年月	日	凭证字号	摘要	成本项目 直接材料	直接人工	制造费用	合计
9	1		期初余额	2400000	100000	600000	4000000
9	1	6	领用材料	2000000			2000000
9	30	9	分配工资		190000		190000
9	30	12	结转制造费用			129000	129000
9	30	13	结转完工产品成本	3628000	160000	100000	6228000
9	30	18	月末余额	772000	130000	89000	2962000

图 4-17 红字登记"生产成本"多栏账的减少数

（3）在三栏式账户的余额栏前，如未印明余额方向的，在余额栏内登记负数余额，如图 4-18 所示。

银行存款日记账

21年月	日	凭证字号	对方科目	摘要	收入金额	支出金额	结存余额
7	1			期初余额			19345000
7	2	记-1	库存现金	提备用金		100000	19245000
7	3	记-2	应付账款	偿还货款		24733400	5488400
7	3	记-3	短期借款	接入短期借款		18000000	12511600

图 4-18 红字在余额栏登记减少数

（4）根据国家统一会计制度的规定，可以用红字登记的其他会计记录。

6．顺序登记

记账时，必须按账户页次逐页逐行登记，不得隔页、跳行。如果发生隔页、跳行现象，应当在空页、空行处用红色墨水画对角线注销，或者注明"此页空白""此行空白"字样，并由记账人员签名或者盖章，如图 4-19 所示。

7．结出余额

凡需要结出余额的账户，结出余额后，应在"借或贷"等栏内写明"借"或者"贷"等字样，以示余额的方向；没有余额的账户，应在"借或贷"栏内写"平"字，并在"余额"栏用"—0—"表示。库存现金日记账和银行存款日记账必须逐日结出余额，如图 4-20 所示。

8．过次承前

每一账页登记完毕都应当结出本页发生额合计及余额，在该账页最末一行"摘要"栏注明"过次页"，并将这一金额记入下一页第一行有关金额栏内，在该行"摘要"栏内注明"承前页"，以保持账簿记录的连续性，便于对账和结账，如图 4-21 所示。

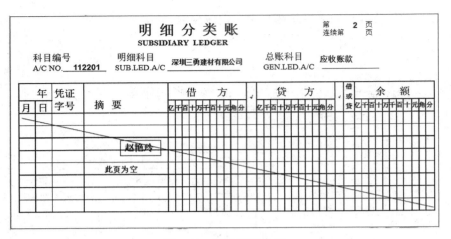

图 4-19　账簿隔页处理

图 4-20　结出余额

图 4-21　过次承前

对需要结计本月发生额的账户,结计"过次页"的本页合计数应当为自本月初起至本页末止的发生额合计数。

9.不得涂改、刮擦、挖补

如发生账簿记录错误,不得刮、擦、挖补或用褪色药水更改字迹,而应采用规定的方法更正。

【训练 4-9·单选题】 登记账簿时,下列做法中错误的是(　　)。

A. 文字和数字的书写占格距的 1/2　　　B. 发生的空行、空页一定要补充书写

C. 用红字冲销错误记录　　　D. 在发生的空页上注明此页空白

【训练 4-10·多选题】 下列各项中可以使用红色墨水记账的情况有(　　)。

A. 按照红字冲账的记账凭证冲销错误记录

B. 在三栏式账户的余额栏前,如未印明余额方向的,在余额栏内登记负数余额

C. 在不设借贷等栏的多栏式账页中登记增加数

D. 根据国家统一的会计制度的规定可以用红字登记的其他会计记录

【训练 4-11·多选题】 下列符合登记会计账簿基本要求的是(　　)。

A. 文字和数字的书写应占格距的 1/3

B. 登记后在记账凭证上注明已经登账的符号

C. 冲销错误记录可以用红色墨水

D. 使用圆珠笔登账

二、日记账的登记

日记账是按照经济业务发生或完成的时间先后顺序逐日逐笔进行登记的账簿。在我国,大多数企业一般只设库存现金日记账和银行存款日记账。

日记账的
登记

(一)库存现金日记账的登记

库存现金日记账的格式主要有三栏式和多栏式两种,库存现金日记账必须使用订本账。

1.三栏式

三栏式库存现金日记账设借方、贷方和余额三个金额栏目,一般将其分别称为收入(或借方)、支出(或贷方)和结余(余额)三个基本栏目,如图 4-22 所示。

填写记账凭证日期,
与实际日期一致

现金日记账(三栏式)

年		凭证号	摘要	对方科目	收入	支出	结余
月	日						

图 4-22　现金日记账(三栏式)

由出纳人员根据库存现金收款凭证、库存现金付款凭证及银行存款的付款凭证,按照库存现金收、付款业务和银行存款付款业务发生时间的先后顺序逐日逐笔登记。根据"上日余额＋本日收入－本日支出＝本日余额"的公式,逐日结出库存现金余额,与库存现金实有数进行核对,以检查每日库存现金收付是否有误。三栏式库存现金日记账的登记方法如下。

（1）日期栏登记记账凭证的日期,应与库存现金的实际收付日期一致。

（2）凭证栏登记收付款凭证种类和编号。

（3）摘要栏登记入账的经济业务。

（4）对方科目栏登记现金收入的来源科目和现金支出的用途科目。

（5）借方、贷方（或收入、支出）栏登记现金收付金额。

每日终了,应分别计算库存现金收入和支出的合计数,结出余额,做到"日清",以便将账面余额与实存库存现金核对。月终,应计算出全月库存现金收入、支出合计数和余额,并与"现金"总分类账户核对一致,做到日清月结,账实相符。

【例 4-1·操作题】 将下列三笔业务登记在库存现金日记账（三栏式）中。

（1）12 月 3 日,收回员工出差借款。

借:库存现金　　　　　　　　　　　　　　500

　　贷:其他应收款　　　　　　　　　　　500

（现金收款凭证 1 号）

（2）12 月 5 日,现金付招待费 100 元。

借:管理费用　　　　　　　　　　　　　　100

　　贷:库存现金　　　　　　　　　　　　100

（现金付款凭证 1 号）

（3）12 月 9 日,从银行取现金 1 000 元。

借:库存现金　　　　　　　　　　　　　1 000

　　贷:银行存款　　　　　　　　　　　1 000

（银行存款付款凭证 1 号）

登记结果如图 4-23 所示。

库存现金日记账（三栏式）							
××××年		凭证号	摘要	对方科目	收入	支出	结余
×月	×日						
12	1		期初余额				3 800
	3	现收 1	收回欠款	其他应收款	500		4 300
	5	现付 1	付招待费	管理费用		100	4 200
	9	银付 1	提现	银行存款	1 000		5 300

图 4-23　库存现金日记账登记结果

2. 多栏式

多栏式库存现金日记账是在三栏式库存现金日记账基础上发展起来的。日记账的借方（收入）和贷方（支出）金额栏都按对方科目设专栏,即按收入的来源和支出的用途设专栏,如图 4-24 所示。

库存现金日记账（多栏式）											
年		凭证号	摘要	收　入				支　出			结余
月	日			应贷科目			合计	应借科目			
				银行存款	主营业务收入	…		其他应收款	管理费用	…	合计

图 4-24　库存现金日记账（多栏式）

这种格式在月末结账时可以结出各收入来源专栏和支出用途专栏的合计数,便于对现金收支的合理性、合法性进行审核分析,便于检查财务收支计划的执行情况,其全月发生额还可以作为登记总账的依据。

（二）银行存款日记账的登记

银行存款日记账用于核算和监督银行存款每日的收入、支出和结余情况。银行存款日记账的格式与库存现金日记账的格式相同,可以采用三栏式,也可以采用多栏式。但不管三栏式还是多栏式,都应在适当位置增加一栏"结算凭证",以便记账时标明每笔业务的结算凭证及编号,便于与银行核对账目。银行存款日记账的设置和登记方法如下。

（1）银行存款日记账应按企业在银行开立的账户和币种分别设置,每个银行账户设置一本日记账。

（2）银行存款日记账由出纳人员根据银收凭证、银付凭证和现付凭证等业务发生时间的先后顺序逐日逐笔登记。

（3）根据银行存款收款凭证和有关的现金付款凭证（库存现金存入银行的业务）登记银行存款收入栏,根据银行存款付款凭证登记其支出栏,每日结出存款余额。

【训练 4-12·单选题】　下列关于库存现金日记账的登记方法中表述错误的是（　　）。

A. 每日终了,应分别计算现金收入和现金支出的合计数,结出余额,同时将余额同库存现金实有数进行核对

B. 库存现金日记账可逐月结出现金余额,与库存现金实存数进行核对,以检查每月现金收付是否有误

C. 凭证栏是指登记入账的收、付款凭证的种类和编号

D. 日期栏是指记账凭证的日期

【训练 4-13·单选题】　下列关于银行存款日记账的具体登记方法中表述错误的是（　　）。

A. 日期栏是指记账凭证的日期

B. 凭证栏是指银行存款实际收付的金额

C. 对方科目是指银行存款收入的来源科目或支出的用途科目

D. 摘要栏摘要说明登记入账的经济业务的内容

【训练 4-14·多选题】　出纳人员可以登记和保管的账簿是（　　）。

A. 现金日记账　　　　　　　　　　　B. 银行存款日记账

C. 现金总账　　　　　　　　　　　　D. 银行存款总账

总分类账的登记

三、总分类账的登记

为全面、总括地反映经济活动和财务收支情况,并为编制报表提供资料,每个单位都必须设置总分类账。总分类账采用订本式账簿,按照会计科目的编号顺序设置账户,并根据往年的记录适当估计本年度内各种经济业务发生的笔数,为每个账户预留若干账页。其账页格式有三栏式和多栏式,最常用的格式为三栏式,设置借方、贷方和余额三个基本金额栏目。在采用汇总记账凭证记账程序时,为清晰地反映经济业务的对应关系,要设置"对方科目"栏。

总分类账由总账会计负责登记,其登记方法因所采用的记账程序的不同而不同,可以采用记账凭证账务处理程序,也可以采用记账凭证汇总表(又称科目汇总表)或汇总记账凭证账务处理程序。一般来说,经济业务少的小型单位的总分类账可以根据记账凭证逐笔登记;经济业务多的大中型单位的总分类账可以根据记账凭证汇总表或汇总记账凭证定期登记。

(一)采用记账凭证账务处理程序登记总分类账

记账凭证账务处理程序是直接根据记账凭证逐笔登记总分类账,其账务处理流程如图 4-25 所示。

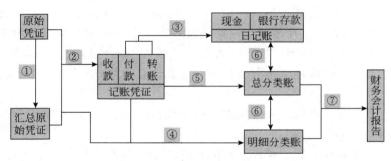

图 4-25　记账凭证账务处理流程

【训练 4-15·操作题】　12 月 3 日,佳美公司收到深圳三元商场转入的前欠账款234 000 元,记账凭证如图 4-26 所示,请用记账凭证账务处理程序登记总分类账。

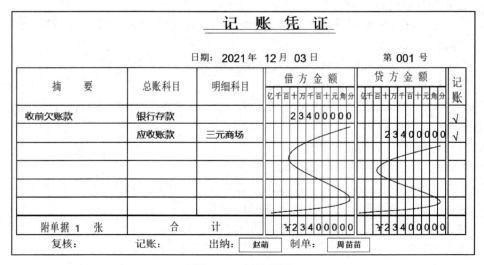

图 4-26　记账凭证

分析: 本业务要求采用记账凭证账务处理程序登记总分类账,所以直接在银行存款和应收账款两个总分类账簿中登记并结出余额即可,登记结果如图 4-27 和图 4-28 所示。

银行存款日记账
CASH JOURNAL

第 1 页

开户银行　**工商银行**

账　　号　**62020021087**

21年		凭证字号	银行凭证	摘要	对应科目	借方 亿千百十万千百十元角分	贷方 亿千百十万千百十元角分	借或贷	余额 亿千百十万千百十元角分	√
月	日									
12	01			期初余额				借	2 0 1 2 0 0 0 0	
	03	记001		收前欠账款	应收账款	2 3 4 0 0 0 0 0		借	4 3 5 2 0 0 0 0	

图 4-27　根据记账凭证登记的银行存款总分类账

总分类账
GENERAL LEDGER

第 8 页

会计科目及编号

ACCOUNT NO.　**1122　应收账款**

21年		凭证字号	摘要	借方 亿千百十万千百十元角分	√	贷方 亿千百十万千百十元角分	借或贷	余额 亿千百十万千百十元角分
月	日							
12	01		期初余额				借	2 3 4 0 0 0 0 0
	03	记001	收前欠账款			2 3 4 0 0 0 0 0	平	√

图 4-28　根据记账凭证登记的应收账款总分类账

（二）采用记账凭证汇总表账务处理程序登记总分类账

记账凭证汇总表账务处理程序是根据记账凭证定期编制科目汇总表,并据以登记总分类账的账务处理程序,其账务处理流程如图 4-29 所示。

【训练 4-16·操作题】　佳美公司 12 月上旬的记账凭证汇总表如图 4-30 所示,请根据资料登记总分类账。

分析: 本汇总表涉及多个账户,每个账户汇总了 10 天的业务金额,只需将每个汇总金额直接登记在相应的总分类账簿中结出余额即可。下面只以"银行存款"账簿为例,登记结果如图 4-31 所示。

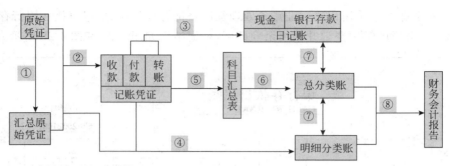

图 4-29　记账凭证汇总表账务处理流程

记账凭证汇总表
VOUCHERS SUMMARY
日期：2021 年 12 月 01 日至2021 年 12 月 10 日 编号 01
凭证起讫号数自　001　号起至　010　号止

会计科目	借方金额											✓	贷方金额											✓
	亿	千	百	十	万	千	百	十	元	角	分		亿	千	百	十	万	千	百	十	元	角	分	
银行存款				3	7	6	4	0	0	0	0					1	4	6	9	6	0	0	0	✓
应收账款																2	3	4	0	0	0	0	0	✓
应付职工薪酬					2	1	8	6	0	0														✓
库存现金						5	0	0	0	0							3	0	7	1	0	0		✓
材料采购				5	8	8	0	0	0	0														✓
应交税费			1	2	4	9	2	0	0	0							2	0	4	0	0	0	0	✓
应付票据																5	7	0	9	6	0	0	0	✓
主营业务收入																1	2	0	0	0	0	0	0	✓
其他应付款																	2	0	0	0	0	0	0	✓
应付账款			1	1	3	0	0	0	0	0					1	1	3	0	0	0	0	0	0	✓
管理费用						8	8	5	0	0														✓
合计	¥	1	2	1	0	3	9	1	0	0			¥	1	2	1	0	3	9	1	0	0		

复核：　王刚　　　记账：　李艳　　　制单：　周苗苗

图 4-30　记账凭证汇总表

总分类账
GENERAL LEDGER
第 2 页

会计科目及编号
ACCOUNT NO.　**1002　银行存款**

07 年		凭证 字号	摘 要	借 方										✓	贷 方										✓	借 或 贷	余 额									
月	日			亿	千	百	十	万	千	百	十	元	角	分		亿	千	百	十	万	千	百	十	元	角	分			亿	千	百	十	万	千	百	十	元
12			期初余额																								借			2	0	1	2	0	0	0	0
01	10	科汇01	1-10日汇总			3	7	6	4	0	0	0	0					1	4	6	9	6	0	0	0		借			4	3	0	6	4	0	0	0
	20	科汇02	11-20日汇总				1	4	0	4	0	0	0					1	3	9	3	0	0	0		借			2	9	1	3	4	0	0	0
	30	科汇03	21-31日汇总																	7	6	5	0	0	0		借			2	2	8	8	8	0	0	0

图 4-31　根据记账凭证汇总表登记的银行存款总分类账

（三）采用汇总记账凭证账务处理程序登记总分类账

汇总记账凭证账务处理程序是根据记账凭证定期编制汇总记账凭证，并据以登记总分类账的账务处理程序，其账务处理流程如图 4-32 所示。

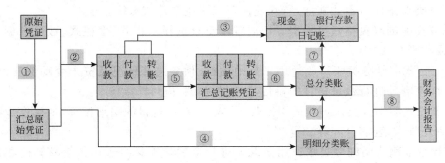

图 4-32　汇总记账凭证账务处理流程

【训练 4-17·操作题】　佳美公司 12 月"银行存款"收款凭证汇总表如图 4-33 所示，请根据资料登记总分类账。

汇 总 收 款 凭 证

借方科目　银行存款　　　　　日期：2021 年 12 月 31 日　　　　　编号：02

摘　要	贷方科目	金额 亿千百十万千百十元角分	记帐
1-31日汇总	应收账款	2 3 4 0 0 0 00	√
	主营业务收入	1 2 0 0 0 0 00	√
	应交税费	2 2 4 4 0 00	√
	其他应付款	2 0 0 00	√
	其他业务收入	1 2 0 0 0 00	√
	合　　　计	￥3 9 0 4 4 0 00	

附注：自 01 日至 31 凭证 第 01 号至第 04 号共 4 张

核准：　　　复核：王刚　　　记账：李艳　　　制单：周苗苗

图 4-33　银行存款汇总收款凭证

分析： 本表汇总了"银行存款"账户全月的业务金额，只需将每个汇总金额直接登记在相应的总分类账簿中结出余额即可，登记结果如图 4-34 所示。

总分类账
GENERAL LEDGER　　　　第 2 页

会计科目及编号
ACCOUNT NO.　**1002　银行存款**

07 年 月 日	凭证 字号	摘要	借　方 亿千百十万千百十元角分	√	贷　方 亿千百十万千百十元角分	借或贷	余　额 亿千百十万千百十元角分
12		期初余额				借	2 0 1 2 0 0 00
01 10	科汇01	1-10日汇总	3 7 6 4 0 0 00		1 4 6 9 6 0 00	借	4 3 0 6 4 0 00
20	科汇02	11-20日汇总	1 4 0 4 0 00		1 3 9 3 0 0 00	借	2 9 1 3 4 0 00
30	科汇03	21-31日汇总			1 6 5 0 0 00	借	2 2 8 8 8 0 00

图 4-34　根据汇总记账凭证登记的银行存款总分类账

四、明细分类账的登记

明细分类
账的登记

为满足经营管理的需要,各单位应在设置总分类账的基础上,按照二级科目或明细科目设置明细分类账,提供有关经济业务的详细资料。明细分类账一般采用活页式账簿,比较重要的明细分类账采用订本式账簿,特殊业务可以采用卡片式账簿。

明细分类账的账页格式可根据登记内容及要求选择三栏式、多栏式、数量金额式、横线登记式(或称平行式)等。

(1)三栏式明细分类账一般适用于反映债权、债务结算情况及资本变动情况等只进行金额核算而不需要进行数量核算的科目,如应收账款、应付账款等。

(2)多栏式明细分类账一般适用于收入、成本、费用科目的明细核算,如生产成本、管理费用、营业外收入、利润分配等。

(3)数量金额式明细分类账适用于既要进行金额核算又要进行数量核算的账户,如原材料、库存商品、周转材料等存货明细账户。

(4)横线登记式账页适用于登记材料采购、在途物资、应收票据和一次性备用金业务。

各明细账的登记方法应根据本单位业务量的大小和经营管理的需要,以及所记录的经济业务内容而定,既可以根据原始凭证、汇总原始凭证或记账凭证逐笔登记,也可以根据这些凭证逐日或定期汇总登记,具体方法可参见日记账和总账的登记方法。

【训练 4-18·单选题】 下列做法中错误的是(   )。

A. 现金日记账采用三栏式账簿   B. 库存商品明细账采用数量金额式账簿

C. 生产成本明细账采用三栏式账簿   D. 制造费用明细账采用多栏式账簿

【训练 4-19·多选题】 下列必须逐日逐笔登记明细账的有(   )。

A. 原材料   B. 应收账款   C. 应付账款   D. 管理费用

五、总分类账和明细分类账的平行登记

(一)总分类账与明细分类账的关系

总分类账与
明细分类账
的平行登记

总分类账与明细分类账的原始依据相同,核算内容相同,只是核算指标的详细程度不一样。总分类账对其所属的明细分类账户起着统驭和控制的作用。明细分类账对其从属的总分类账户起着补充和说明的作用。因此,总分类账和明细分类账必须平行登记。

(二)平行登记的方法

所谓平行登记,是指对发生的每项经济业务,都要以相关的会计凭证为依据,一方面记入有关的总分类账,另一方面记入有关总分类账所属明细分类账的方法。

(三)平行登记的要点

1. 依据相同

对发生的经济业务都要依据相同的原始凭证或记账凭证。

2. 期间相同

对每项经济业务在同一会计期间内依据相同的会计凭证,既要记入有关的总分类账户,又要记入其所属的明细分类账户。

3. 方向相同

每项经济业务记入总分类账和明细分类账的方向相同,但在有些明细分类账只设置一个方向发生额栏目的特殊情况下,可以用红字在该栏内登记反向记录。

4. 金额相等

每项经济业务记入总分类账的金额必须与记入所属各有关明细分类账的金额之和相等。总账记入的是总括数字，明细账记入的是明细数字。在设立二级账的情况下，总账、二级账和明细账都应进行平行登记。

（四）平行登记的检查

在会计期末，为检查账户记录是否正确，应当对总分类账和明细分类账登记的结果进行相互核对。核对时，可通过编制明细分类账本期发生额及余额表进行。某一总分类账的明细分类账本期发生额及余额表中期初余额合计、借方本期发生额合计、贷方本期发生额合计、期末余额合计，应分别与该总分类账的期初余额、本期借方发生额、本期贷方发生额和期末余额相符。如果有关数据不符，则说明记账有差错，应及时更正错账，以保证账簿记录的正确性。

【训练 4-20·操作题】 10 月 30 日，佳美公司收到三元商场前欠账款 800 000 元，请登记相关总分类账和明细分类账。

分析：本业务需要对"应收账款"总账和明细分类账进行平行登记，登记结果如图 4-35 和图 4-36 所示。

总分类账 GENERAL LEDGER　　第124页

会计科目及编号 ACCOUNT NO. **1122** 应收账款

22年 月	日	凭证字号	摘要	借方	√	贷方	借或贷	余额
10	04		承前页	1 200 000 00		800 000 00	借	1 000 000 00
	05	记14	销产品	200 000 00			借	1 200 000 00
	26	记55	销产品	300 000 00			借	1 500 000 00
	31	记96	收前欠账款			800 000 00	借	700 000 00
11	02	记08	收前欠账款			200 000 00	借	500 000 00
	05	记21	销产品	700 000 00			借	1 200 000 00
	08	记35	销产品	50 000 00			借	1 250 000 00
	13	记47	销产品	150 000 00			借	1 400 000 00
	22	记55	销产品	100 000 00			借	1 500 000 00
			过次页	1 350 000 00		900 000 00		

图 4-35　应收账款总分类账

明 细 分 类 账 SUBSIDIARY LEDGER　　第 **1** 页 连续第　页

科目编号 A/C NO. **112201**　明细科目 SUB.LED.A/C 深圳三元商场　总账科目 GEN.LED.A/C 应收账款

22年 月	日	凭证字号	摘要	借方	√	贷方	借或贷	余额
10	4	记08	销产品	100 000 00			借	100 000 00
	5	记14	销产品	200 000 00			借	1 200 000 00
	26	记55	销产品	300 000 00			借	1 500 000 00
	31	记96	收前欠账款			800 000 00	借	700 000 00
11	2	记08	收前欠账款			200 000 00	借	500 000 00
	5	记21	销产品	700 000 00			借	1 200 000 00
	8	记35	销产品	500 000 00			借	1 250 000 00
	13	记47	销产品	150 000 00			借	1 400 000 00

图 4-36　应收账款明细分类账

▶ **任务实施**

（1）根据记账凭证正确地登记现金日记账（参见例 4-1）。

（2）根据记账凭证正确地登记银行存款日记账（参见例 4-1）。

（3）根据记账凭证正确地登记总分类账与明细分类账（参见训练 4-15～训练 4-17）。

（4）能正确对总账与明细账进行平行登记（参见训练 4-20）。

▶ **任务训练**

训练目的：根据记账凭证正确地登记现金日记账、银行存款日记账和总分类账。

训练资料：

万恒公司是一般纳税人，增值税税率为 13%。2022 年 12 月，其科目汇总表如表 4-2 所示。

表 4-2　万恒公司 12 月科目汇总表

科目名称	科目编码	借方金额	贷方金额
库存现金	1001	1 000.00	500.00
银行存款	1002	0.00	216 000.00
应收账款	1122	351 000.00	0.00
木材	140301	170 000.00	0.00
板材	140302	5 500.00	0.00
应交税费	2221	0.00	76 500.00
本年利润	4103	65 500.00	300 000.00
主营业务收入	6001	300 000.00	300 000.00
销售费用	6601	50 000.00	50 000.00
管理费用	6602	15 500.00	15 500.00
合　　计		958 500.00	958 500.00

训练要求：请结合上表科目汇总表和表 4-1 的期初余额表登记万恒公司的日记账和总分类账。

 思政园地

某会计咨询公司接到一个会计的咨询电话，双方对话内容如下。

会计："我真倒霉，我们公司被税务局稽查，查出一张增值税普通发票不合规，说不让税前扣除，请问我该怎么办呀？"

咨询员："不让税前扣除那就调增吧，发票不合规还不是因为你这个会计审核不认真。"

会计："我哪里不认真了？我又是上网查真伪，又是核对名称、账户，反复核对没有一点错误才付的款。"

咨询员："那就怪了,既然发票一点错误都没有,检查人员凭什么不让税前扣呢?你可以和他们理论一下。"

会计："写在票面上的内容都对,就只有一点,备注栏上是空白的,没有写该写的内容,所以检查人员说不能扣。"

咨询员："噢,原来如此,你为什么当时不检查备注栏?"

会计："我以为备注就是想写就写,不想写就可以不写啊。前些年检查的时候也没人说过备注栏必须写啊。"

咨询员："哎,你是拿老眼光看新问题啊!营改增以后,已经规定了很多备注栏必填的情况,你可得好好再学习一下了,别在同一个坑里跌倒两次。"

要求:请同学们分组讨论以下问题。

(1) 会计在登记账簿过程中应该具备哪些职业素养?

(2) 哪些业务在开具发票时必须备注?

任务三　对账、错账更正与结账

▶ 任务描述

小张在登记会计账簿的过程中,不知道记完的账对不对,如果发生错误了又如何更正呢?记完的账又如何结账呢?我们和小张一起来学习吧。

(1) 对账的内容。

(2) 错账的类型、错账的查找及更正方法。

(3) 结账的内容和结账的方法。

▶ 知识引导

一、对账

对账就是核对账目,是对账簿记录所进行的核对工作。对账一般可以分为账证核对、账账核对和账实核对。

对账

(一) 账证核对

账簿是根据经过审核之后的会计凭证登记的,但实际工作中仍有可能发生账证不符的情况。记账后,应将账簿记录与会计凭证核对,核对账簿记录与原始凭证、记账凭证的时间、凭证字号、内容、金额等是否一致,记账方向是否相符,做到账证相符。

(二) 账账核对

账账核对是指核对不同会计账簿之间的账簿记录是否相符。账账核对的主要内容包括总分类账簿之间的核对、总分类账簿与所属明细分类账簿之间的核对、总分类账簿与序时账簿之间的核对、明细分类账簿之间的核对。

1. 总分类账簿之间的核对

(1) 全部账户本期借方发生额合计＝全部账户本期贷方发生额合计。

（2）全部账户的借方期初余额合计＝全部账户的贷方期初余额合计。

（3）全部账户的借方期末余额合计＝全部账户的贷方期末余额合计。

2. **总分类账簿与所属明细分类账簿之间的核对**

（1）总分类账户的期初余额＝所属的明细分类账户的期初余额之和。

（2）总分类账户的本期借方发生额＝所属的明细分类账户的本期借方发生额之和。

（3）总分类账户的本期贷方发生额＝所属的明细分类账户的本期贷方发生额之和。

（4）总分类账户的期末余额＝所属的明细分类账户的期末余额之和。

3. **总分类账簿与序时账簿之间的核对**

检查现金总账和银行存款总账的期末余额，与现金日记账和银行存款日记账的期末余额是否相符。

4. **明细分类账簿之间的核对**

会计部门定期核对有关实物资产的明细账与财产物资保管部门或使用部门的明细账，检查其余额是否相符。

（三）账实核对

账实核对是指各项财产物资、债权债务等账面余额与实有数额之间的核对。

（1）库存现金日记账账面余额与库存现金实际库存数逐日核对是否相符。

（2）银行存款日记账账面余额与银行对账单的余额定期核对是否相符。

（3）各项财产物资明细账账面余额与财产物资的实有数额定期核对是否相符。

（4）有关债权债务明细账账面余额与对方单位的账面记录核对是否相符。

【训练 4-21·单选题】 对账就是核对账目，其主要内容包括（　　　）。

A. 账实核对、账表核对、账账核对　　　B. 账账核对、账证核对、账表核对

C. 账账核对、账证核对、表表核对　　　D. 账证核对、账账核对、账实核对

【训练 4-22·单选题】 （　　　）是指核对不同会计账簿之间的账簿记录是否相符。

A. 账证核对　　　B. 账账核对　　　C. 账实核对　　　D. 余额核对

错账更正

二、错账查找与更正

（一）错账查找方法

1. **全面检查**

（1）顺查法：凭证、账、报表。

（2）逆查法：报表、账、凭证。

2. **局部抽查**

（1）差数法是指按照错账的差数查找错账的方法。

	总账	明细账
	100	100
	200	200
	40	
	340	300

（2）尾数法是指对于发生的差错只查找末位数，以提高查错效率的方法。这种方法适合于借贷方金额其他位数都一致，而只有末位数出现差错的情况。

总账	明细账
100.10	100
200	200
300.10	300

(3) 除 2 法是指以差数除以 2 来查找错账的方法。当某个借方金额错记入贷方(或相反)时，出现错账的差数表现为错误的 2 倍，将此差数用 2 去除，得出的商即是反向的金额。

总账	明细账
100	100
200	
200	
500	100

(4) 除 9 法是指以差数除以 9 来查找错账的方法，适用于将数字写小、将数字写大、邻数颠倒三种情况。

总账	明细账
100	100
200	20
300	120

总账	明细账
100	100
200	200
15	51
315	351

36/9=4

(二) 错账更正方法

1. 划线更正法

在结账前发现账簿记录有文字或数字错误，而记账凭证没有错误的，采用划线更正法，如图 4-37 所示。

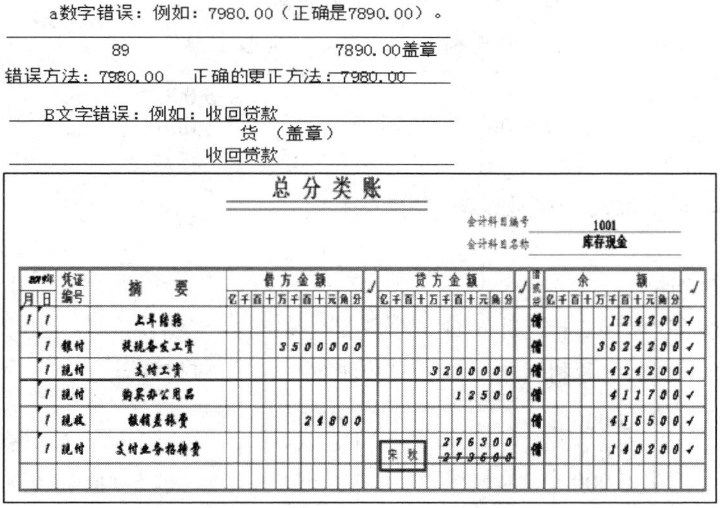

总分类账

会计科目编号　1001
会计科目名称　库存现金

月	日	凭证编号	摘要	借方金额	√	贷方金额	√	借或贷	余额	√
1	1		上年结转					借	124200	√
	1	银付	提现备发工资	3500000				借	3624200	√
	1	现付	支付工资			3200000		借	424200	√
	1	现付	购买办公用品			12500		借	411700	√
	1	现收	报销差旅费	24800				借	416500	√
	1	现付	支付业务招待费			宋秋 276300 ~~273600~~		借	140200	√

图 4-37　划线更正法

更正时,应在错误的文字或数字上面划一条红线注销,但必须使原有的笔迹仍可辨认清楚。然后在上方空白处用蓝字填写正确的文字和数字,并在更正处盖记账人员、会计机构负责人(会计主管人员)名章,以明确责任。

2.红字更正法

红字更正法适用于记账后发现记账凭证中的应借、应贷会计科目有错误所引起的记账错误,以及记账后发现记账凭证和账簿记录中应借、应贷会计科目无误,只是所记金额大于应记金额所引起的记账错误。

(1)记账凭证中会计科目发生错误引起的错账更正。对于记账后发现记账凭证中的应借、应贷会计科目有错误所引起的记账错误,如科目名称写错或借贷方向写错。更正时,应先用红字填写一张与错误的记账凭证内容相同的红字记账凭证,然后据此用红字记入账内,并在摘要栏注明"冲销×月×日×号凭证错账"以示注销。同时,用蓝字再编写一张正确的记账凭证,据此用蓝字记入账内,并在摘要栏注明"订正×月×日×号凭证错账"。

【例 4-2·操作题】 4月6日,企业购入材料5 000元,货款尚未支付。

错误记录:原记账凭证写错账户名称并已登记入账。

借:原材料   5 000
  贷:应收账款   5 000

原材料		应收账款	
5 000			5 000

更正:

① 4月18日编制红字记账凭证并记入账内。

借:原材料   5 000
  贷:应收账款   5 000

(注意:摘要栏注明"冲销4月6日×号凭证错账"。)

原材料		应收账款	
5 000			5 000
5 000			5 000

② 用蓝字编制正确的记账凭证并登记入账。

借:原材料   5 000
  贷:应付账款   5 000

(注意:摘要栏注明"订正4月6日×号凭证错账"。)

原材料		应收账款		应付账款	
5 000		5 000			
5 000		5 000			
5 000					5 000
5 000		0			5 000

（2）记账凭证中会计科目无误，金额多记引起的错账更正。记账凭证中的会计科目正确无误，只是错记的金额多于正确的金额，即发生数额多记了。更正时，按多记金额用红字编制一张与原记账凭证应借、应贷科目完全相同的记账凭证，然后据此用红字记入账内，在摘要栏注明"冲销×月×日×号凭证多记金额"。

【例 4-3·操作题】　企业提取本月固定资产折旧费 3 800 元，编制记账凭证时误记为 38 000 元。错误记账凭证和错账如下。

借：管理费用　　　　　　　　　　　　　38 000
　贷：累计折旧　　　　　　　　　　　　　　　38 000

管理费用	累计折旧
38 000	38 000

更正：将多记金额用红字编制记账凭证，并记入账内。

借：管理费用　　　　　　　　　　　　　34 200
　贷：累计折旧　　　　　　　　　　　　　　　34 200
（注意：摘要栏注明"冲销×月×日×号凭证错账"。）

管理费用	累计折旧
38 000	38 000
34 200	34 200
3 800	3 800

3. 补充登记法

记账后发现记账凭证和账簿记录中应借、应贷会计科目无误，只是所记金额小于应记金额时，采用补充登记法。更正时，将少记金额用蓝字编制一张与原记账凭证应借、应贷科目完全相同的记账凭证，然后用蓝字记入账内，并在摘要栏注明"补记×月×日×号凭证少记金额"。

【例 4-4·操作题】　车间为生产产品领用材料 8 400 元。错误凭证和错账如下。

借：生产成本　　　　　　　　　　　　　4 800
　贷：原材料　　　　　　　　　　　　　　　4 800

生产成本	原材料
4 800	4 800

更正：将少记金额编制记账凭证并记入账内。

借：生产成本　　　　　　　　　　　　　3 600
　贷：原材料　　　　　　　　　　　　　　　3 600
（注意：摘要栏注明"补记×月×日×号凭证少记部分"。）

生产成本	原材料
4 800	4 800
3 600	3 600
8 400	8 400

【训练 4-23·多选题】 记账后,发现记账凭证中的金额有错误,导致账簿记录错误,不能采用的错账更正方法是(　　)。

A. 划线更正法　　　　B. 红字更正法　　　　C. 补充登记法　　　　D. 重新抄写法

【训练 4-24·单选题】 更正错账时,划线更正法的适用范围是(　　)。

A. 记账凭证上会计科目或记账方向错误,导致账簿记录错误

B. 记账凭证正确,在记账时发生错误,导致账簿记录错误

C. 记账凭证上会计科目或记账方向正确,所记金额大于应记金额,导致账簿记录错误

D. 记账凭证上会计科目或记账方向正确,所记金额小于应记金额,导致账簿记录错误

【训练 4-25·多选题】 红字更正法通常适用的情况是(　　)。

A. 记账后在当年内发现记账凭证所记的会计科目错误

B. 发现上一年度的记账凭证所记的会计科目错误

C. 记账后发现会计科目无误而所记金额大于应记金额

D. 记账后发现会计科目无误而所记金额小于应记金额

三、结账

结账是指把一定时期内应记入账簿的经济业务全部登记入账后,计算本期发生额及期末余额,并将余额结转至下期或新的账簿,具体包括月结、季结和年结。

结账的内容通常包括两个方面:一方面是结清各种损益类账户,并据以计算确定本期利润;另一方面是结出各资产、负债和所有者权益账户的本期发生额合计和期末余额。

(一)结账的程序

(1)结账前,将本期发生的经济业务全部登记入账,并保证其正确性。对于发现的错误,应采用适当的方法进行更正。

(2)在本期经济业务全面入账的基础上,根据权责发生制的要求,调整有关账项,合理确定应计入本期的收入和费用。

(3)将各损益类账户余额全部转入"本年利润"账户,结平所有损益类账户。

(4)结出资产、负债和所有者权益账户的本期发生额与余额,并转入下期。

上述工作完成后,就可以根据总分类账和明细分类账的本期发生额和期末余额分别进行试算平衡。

(二)结账的方法

结账一般采用划线法,期末结出各账户的本期发生额和期末余额后,用划线进行标记。

1. 月结

月结时,应在该月最后一笔经济业务下面画一条通栏单红线,在红线下"摘要"栏内注明"本月合计""本月发生额及余额"字样,在"借方"栏、"贷方"栏或"余额"栏分别填入本月合计数和月末余额,同时在"借或贷"栏内注明借贷方向。然后,在这一行下面再画一条通栏红线,以便与下月发生额划清。

2. 季结

季结时,通常在每季度的最后一个月月结的下一行"摘要"栏内注明"本季合计"或"本季度发生额及余额",同时结出借、贷方发生总额及季末余额。然后,在这一行下面画一条通栏单红线,表示季结的结束。

3. 年结

年结时,在第四季度季结的下一行"摘要"栏内注明"本年合计"或"本年发生额及余额",同时结出借、贷方发生额及期末余额。然后,在这一行下面划上通栏双红线,以示封账。

4. 年度结账

年度结账后,总账和日记账应当更换新账,明细账一般也应更换。但有些明细账,如固定资产明细账等可以连续使用,不必每年更换。年终时,要把各账户的余额结转到下一会计年度,只在摘要栏内注明"结转下年"字样,结转金额不再抄写。如果账页的"结转下年"行以下还有空行,应当自余额栏的右上角至日期栏的左下角用红笔划对角斜线注销。在下一会计年度新建有关会计账簿的第一行余额栏内填写上年结转的余额,并在摘要栏内注明"上年结转"字样。年度结账如图 4-38 所示。

总 分 类 账

科目:库存现金

2017年		凭证		摘要	借方	贷方	借或贷	余额	核对
月	日	种类	号数		千百十万千百十元角分	千百十万千百十元角分		千百十万千百十元角分	
				承前页	2174 4100	2171 1000	借	113000	✓
11	20	记汇	32	11-20日发生额	1920000	2010000	借	23000	✓
	30	记汇	33	21-30日发生额	101000	0	借	124000	✓
12	10	记汇	34	1-10日发生额	108000	90000	借	142000	✓
	20	记汇	35	11-20日发生额	1728000	1809000	借	61000	✓
	31	记汇	36	21-31日发生额		90900	借	151900	✓
				本年合计	2569 2000	2562 0000	借	151900	
				结转下年					

分页:____ 总页:____

图 4-38 年度结账

【训练 4-26 · 单选题】 下列结账方法中描述错误的是( )。

A. 总账账户平时只需结出月末余额

B. 12 月末的"本年累计"就是全年累计发生额,全年累计发生额下通栏画双红线

C. 账户在年终结账时,在"本年合计"栏下通栏画双红线

D. 现金、银行存款日记账每月结账时,在摘要栏注明"本月合计"字样,并在下面通栏画双红线

【训练 4-27 · 单选题】 年终结账将余额结转下年时,( )。

A. 不需要编制记账凭证,但应将上年账户的余额反向结平才能结转下年

B. 应编制记账凭证,并将上年账户的余额反向结平

C. 不需要编制记账凭证,也不需要将上年账户的余额结平,直接注明"结转下年"即可

D. 应编制记账凭证予以结转,但不需要将上年账户的余额反向结平

▶ **任务实施**

（1）根据会计基础工作规范的要求，对账簿记录的真实性、完整性进行检查核对。

（2）根据实际情况对查出的错误账簿进行更正（画线更正法、红字更正法、补充登记法）。

（3）按照期末结账的基本要求和基本方法，办理月末、年末结账手续，以及新会计年度更换新账（可以对学习中学生已完成的日记账、明细账、总账进行结账）。

▶ **任务训练**

训练目的：掌握错账更正的方法。

训练内容：佳美公司在20××年5月查账时发现下列错账。

（1）月末与银行核对账单，本公司错记两笔账的金额。

① 购买木材的30 000元，错记为3 000元。

② 公司购买办公用品220元，错记为2 200元。

（2）车间用100元购买办公用品，借方错记入管理费用。

训练要求：根据以上资料，按规定的错账更正方法进行更正，并注明更正方法的名称。

任务四　会计账簿的更换与保管

▶ **任务描述**

小张已经熟悉了会计账簿的设置及登记方法，又深知会计账簿是重要的会计档案，那么会计账簿应如何更换？保管又有哪些具体规定？我们和小张一起来学习吧。

▶ **知识引导**

一、会计账簿的更换

会计账簿的更换通常在新会计年度建账时进行。一般来说，总账、日记账和多数明细账要每年更换一次，在年度终了时更换新账簿，并将各账户的余额结转到新的年度。

账簿更换的具体做法：首先检查本年度账簿记录在年终结账时是否全部结清；其次在新账中有关账户的第一行日期栏内注明1月1日，在摘要栏内注明"上年结转"或"年初余额"字样，将上年的年末余额以同方向记入新账中的余额栏内，并在借或贷栏内注明余额的方向（借方还是贷方）。需要注意的是，账簿更换时账户余额结转不编制记账凭证，也不要记入借方栏或贷方栏，而是直接记入余额栏，因此凭证号栏、借方栏和贷方栏无须填制。

二、会计账簿的保管

年度终了，各种账户在结转下年、建立新账后，一般应将旧账进行集中统一管理。会计账簿暂由本单位财务会计部门保管一年，期满后，由本单位财务会计部门编造清册，移交本单位的档案部门保管。

各种账簿应当按年度分类归档,编造目录,妥善保管,既保证在需要时迅速查阅,又保证各种账簿的安全和完整。保管期满后,还要按照规定的审批程序经批准后才能销毁。

　　根据《会计档案管理办法》第八条,会计档案的保管期限分为永久、定期两类,具体保管期限如表 4-3 所示。

表 4-3　会计档案保管期限

序号	档案类别	档案名称	保管期限
1	会计凭证	原始凭证、记账凭证、汇总凭证	30 年
		其中涉及外事和"转制"的会计凭证	永久
2	会计账簿	总账、明细账、日记账、辅助账	30 年
		其中涉及外事和"转制"的会计账簿	永久
		固定资产卡片	固定资产报废清理后保管 5 年
3	财务会计报告	月度、季度、半年度财务会计报告	10 年
		年度财务会计报告	永久
4	其他会计资料	银行存款余额调节表、银行对账单	10 年
		纳税申报表	10 年
		会计档案移交清册	30 年
		会计档案保管、销毁清册	永久
		会计档案鉴定意见书	永久

财 产 清 查

学习目标

知识目标：

1. 了解财产清查及其意义。

2. 了解财产清查的分类。

3. 理解"待处理财产损溢"账户的使用方法。

4. 掌握库存现金的清查方法及清查结果的账务处理方法。

5. 掌握银行存款的清查方法。

6. 掌握未达账项及"银行存款余额调节表"的编制方法。

7. 掌握实物资产的清查方法及清查结果的账务处理方法。

8. 掌握往来款项的清查方法及清查结果的账务处理方法。

能力目标：

1. 能够对不同的财产清查确定适用的方法。

2. 能够对库存现金清查溢余及短缺并进行会计核算。

3. 能够根据把企业银行存款日记账与银行对账单进行对账，查找未达账项。

4. 能够根据未达账项编制银行存款余额调节表。

5. 能够对存货、固定资产等实物资产进行清查，并对清查结果进行会计核算。

6. 能够对应收款项及应付款项进行清查，对清查结果进行会计核算。

素质目标：

1. 培养学生分析问题、解决问题的能力。

2. 培养学生养成学习与工作仔细、认真的习惯。

3. 培养学生的团队协作和沟通能力。

课程思政：

培养学生学习与工作仔细认真、客观公正、坚持准则的职业素养。

学习导图

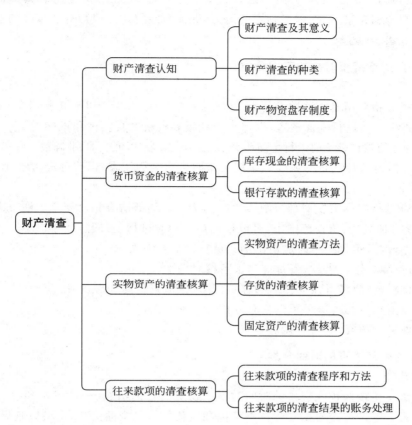

任务一　财产清查认知

任务描述

月末结账前,为保证会计账簿的真实与可靠,小张与会计人员一起进行了财产清查工作。下面我们和小张一起学习财产清查的知识与技能要点,完成财产清查工作。

（1）了解财产清查及其意义。

（2）掌握财产清查的种类及其适用范围。

（3）理解财产物资的永续盘存制、实地盘存制等盘存制度。

知识引导

一、财产清查及其意义

财产清查是指对实物资产、货币资金、往来款项等进行实地盘点、查询核对,确定各项财产物资、货币资金、往来款项的实有数,并查明实存数与账存数是否相符的一种专门方法。

实际工作中,各项财产物资由于收发计量、自然损耗或升溢、管理不善或责任人失职、贪污盗窃或徇私舞弊、自然灾害等原因,往往造成账存数与实存数产生差异。财产清查对保证财产物资的安全和完整、挖掘财产物资的潜力、保证财经纪律的执行有着重要的意义。

财产清查的种类

二、财产清查的种类

(一)按照财产清查对象的范围分类

1. 全面清查

全面清查是指对所有财产物资进行全面的清查,一般适用于以下几种情况。

(1)年终决算前进行全面清查,以保证会计报表资料的真实性和正确性。

(2)单位进行清产核资时进行全面清查,确定实有资金,以便全面、准确地了解单位的情况。

(3)单位撤销、破产、合并或改变隶属关系时进行全面清查,以明确经济责任。

2. 局部清查

局部清查是指根据需要对部分财产进行的清查。局部清查相对于全面清查需要投入的人力少、花费的时间短、清查范围小,可以根据需要随时进行,一般适用于以下几种情况。

(1)库存现金,每日终了时应由出纳人员自行盘点一次。

(2)银行存款、银行借款,每月应与银行核对一次。

(3)原材料、产成品等流动性大的存货,每月应清查盘点一次。

(4)各项债权、债务,每年至少与对方核对一到两次。

(5)各种贵重物资,每月应盘点一次。

(二)按照财产清查的时间分类

1. 定期清查

定期清查是指按照预先安排的时间对财产物资进行的清查,一般是在年度、季度、月份末结账前进行。定期清查根据实际清查范围和对象可以是全面清查,也可以是局部清查。

2. 不定期清查

不定期清查是指根据实际需要对财产物资进行的临时清查。与定期清查一样,它可以是全面清查也可以是局部清查,主要适用于以下几种情况。

(1)更换财产物资和现金的经管人员时清查,以分清经济责任。

(2)财产因自然灾害和意外事故发生非常损失时清查,以查明损失情况。

(3)临时性的清产核资,以摸清家底。

(4)上级主管部门、财政、税务、审计机关和银行等部门要对本单位进行会计检查时清查,以验证会计资料的准确性。

【训练 5-1·多选题】 财产清查的对象一般包括(　　　)。

A. 财产物资　　　　　　　B. 债权债务　　　　　　C. 交易性金融资产　　　D. 无形资产

【训练 5-2·多选题】 年终决算之前,为确保年终决算会计信息的真实和准确,需要进行的财产清查有(　　　)。

A. 全面清查　　　　　　　B. 局部清查　　　　　　C. 定期清查　　　　　　　D. 不定期清查

【训练 5-3·多选题】 下列需要进行全面财产清查的情况有(　　　)。

A. 年终决算之前　　　　　　　　　　　B. 企业股份制改制前

C. 更换财产物资、库存现金保管人员时　　　D. 单位财务科长调离时

三、财产物资盘存制度

（一）实地盘存制

实地盘存制是指通过对期末的各项财产物资的实地盘点来确定财产物资数量的一种方法。平时只需在账簿中登记增加数,不登记减少数,月末通过实地盘点确定账面结存数,再倒挤出本期销售或者耗用(减少数)数量和金额。

本期减少数＝期初结存数＋本期增加数－期末结存数(盘点得出)

在实地盘存制下,是通过倒挤的方法计算出耗用或销售成本的,会影响成本核算的正确性,不利于保护企业财产物资的安全与完整。实地盘存制适用于财产物资品种多、价值低、收发频繁、损耗大的财产物资的盘存。

（二）永续盘存制

永续盘存制是指对于各项财产物资的收发业务,按照品种、规格开设明细账,在明细账中逐笔或逐日地详细登记其增加数与减少数,并随时结出账面余额的一种方法。

期末结存数＝期初结存数＋本期增加数－本期减少数

在永续盘存制下,财产清查的目的是确定财产物资的实存数量,主要是确定账实是否相符,发现问题后保护财产物资的安全与完整。

财产清查的
方法

▶任务实施

根据知识引导,我们要达到以下要求。

（1）财产清查主要是账实核对,以达到账实相符,保证会计信息可靠。

（2）根据实际工作的要求,正确进行定期清查和不定期清查,根据清查工作要求合理确定全面清查或局部清查。

（3）根据实际的会计主体、核算的财产物资特性及企业管理要求合理选择永续盘存制或实地盘存制,并登记相应的明细账。

▶任务训练

训练目的:深入理解永续盘存制和实地盘存制。

训练要求:将永续盘存制与实地盘存制进行比较,分析结果填在表 5-1 内。

表 5-1　盘存制度比较

盘存制度	二者相同点	二者不同点
永续盘存制		
实地盘存制		

任务二　货币资金的清查核算

▶ 任务描述

　　小张今天的任务是对货币资金进行清查,这项任务的工作要点有以下五个方面。我们和小张一起学习吧。

　　(1)库存现金的清查方法。

　　(2)库存现金盘盈及盘亏的账务处理。

　　(3)银行存款的清查方法。

　　(4)未达账项的几种情况。

　　(5)银行存款余额调节表的编制。

▶ 知识引导

一、库存现金的清查核算

(一)库存现金的清查方法

　　库存现金采用实地盘点法确定库存现金实存数,盘点结束后,根据盘点的结果与现金日记账的账面余额相核对,确定账实是否相符,填制"库存现金盘点报告表",如表 5-2 所示。该表是对库存现金进行账项调整和对比分析的原始凭证,应由盘点人和出纳员签名或盖章,并由会计机构负责人审核后签名或盖章。该表一式两联,"报账联"作为调整现金账的依据,"批复联"作为处理现金盈亏的依据。

表 5-2　库存现金盘点报告表

单位名称:　　　　　　　　　　　年　　月　　日

账存金额	实存金额	账存与实存对比		备注
		盘盈(溢余)	盘亏(短缺)	

盘点人:签章　　　　　　　　　　　　　　　　　　出纳员:签章

【训练 5-4·单选题】 下列关于现金清查的说法中不正确的是(　　　)。

A. 在清查小组盘点现金时,出纳人员必须在场

B. "库存现金盘点报告表"只需要盘点人签字盖章

C. 要根据"库存现金盘点报告表"进行账务处理

D. 库存现金的清查应采用实地盘点法

(二)库存现金清查结果的账务处理

　　对于违反现金管理规定、记账差错等问题,应及时予以纠正。库存现金清查中发现现金短缺或溢余时,要设法查明原因,并及时根据"库存现金盘点报告表"进行处理。按短缺或溢余的金额记入"待处理财产损溢"账户,待查明原因后再转账。

　　对于现金溢余,属于应支付给有关单位或个人的,记入"其他应付款"账户;属于无法查

明原因的,记入"营业外收入"账户。

对于现金短缺,属于应由责任人或保险公司赔偿的金额,记入"其他应收款"账户;属于无法查明原因的,记入"管理费用"账户。

"待处理财产损溢"账户是资产类账户,用于核算财产清查中财产物资发生盘盈、盘亏、毁损及其处理等情况,其借方登记财产物资盘亏、毁损数及批准后转销的盘盈数,贷方登记财产物资盘盈数及批准后转销的盘亏和毁损数,期末结转后无余额。设置"待处理流动资产损溢"和"待处理固定资产损溢"两个明细账。

【例 5-1·业务题】　佳美公司 2022 年 7 月进行库存现金清查时,"现金盘点报告表"中实存现金比库存现金日记账余额多 20 元,经查明,日记账无误。

第一步:根据"现金盘点报告表"调账达到账实相符,编制会计分录如下。

借:库存现金　　　　　　　　　　　　　　　　　　20

　　贷:待处理财产损溢——待处理流动资产损溢　　　　20

第二步:根据盘盈原因进行转销处理,本例中未查明原因,经批准,作为营业外收入处理,编制会计分录如下。

借:待处理财产损溢——待处理流动资产损溢　　　　20

　　贷:营业外收入　　　　　　　　　　　　　　　　20

【例 5-2·业务题】　如果佳美公司 2022 年 7 月进行库存现金清查时,发现实际现金比库存现金日记账余额少 100 元。

第一步:根据"库存现金盘点报告表"调账达到账实相符,编制会计分录如下。

借:待处理财产损溢——待处理流动资产损溢　　　　100

　　贷:库存现金　　　　　　　　　　　　　　　　　100

第二步:根据盘亏原因进行转销处理,本例中应由出纳员赔偿 50 元,另 50 元未查明原因,编制会计分录如下。

借:其他应收款——××出纳　　　　　　　　　　50

　　管理费用　　　　　　　　　　　　　　　　　　50

　　贷:待处理财产损溢——待处理流动资产损溢　　　100

当出纳员赔偿时编制会计分录如下。

借:库存现金　　　　　　　　　　　　　　　　　　50

　　贷:其他应收款——××出纳　　　　　　　　　　50

【训练 5-5·多选题】　在库存现金盘亏账务处理中,批准前后可能涉及的会计科目有(　　)。

A. 库存现金　　　　B. 管理费用　　　　C. 其他应收款　　　　D. 营业外支出

二、银行存款的清查核算

(一)银行存款的清查方法

银行存款的清查采取与开户银行核对账目的方法进行,每月至少核对一次。出纳人员应分别结出每个账号的"银行存款日记账余额",与各账号的"银行对账单"逐笔核对。首先核对两者的余额,如果两者余额相符,一般表明双方记账正确;如果两者不符,则说明企业与银行至少有一方记账错误,或者存在未达账项。

货币资金
清查

(二)未达账项的查找

未达账项是指由于双方记账时间不一致而发生的一方已经入账而另一方没有接到有关凭证尚未入账的账项。未达账项有以下四种情况。

(1)企业已收款入账,作为银行存款的增加,而银行尚未收款入账。

(2)企业已付款入账,作为银行存款的减少,而银行尚未付款入账。

(3)银行已收款入账,作为企业银行存款的增加,而企业尚未收款入账。

(4)银行已付款入账,作为企业银行存款的减少,而企业尚未付款入账。

逐笔对账时,银行存款日记账借方、贷方应与银行对账单的贷方、借方记录进行核对,即反向核对,核对不相符的账项即为未达账项。企业银行存款日记账借方的未达账项为"企业已记增加而银行未记"的账项,贷方未达账项为"企业已记减少而银行未记"的账项;银行对账单借方的未达账项为"银行已记减少而企业未记"的账项,银行对账单贷方的未达账项为"银行已记增加而企业未记"的账项。

【训练5-6·多选题】 下列各项中属于银行存款未达账项的有(　　)。

A. 企业已收,银行已收　　　　　　B. 企业已付,银行未付

C. 企业已收,银行未收　　　　　　D. 银行已付,企业未付

【训练5-7·多选题】 下列各项中属于使企业银行存款日记账余额大于银行对账单余额的未达账项有(　　)。

A. 企业先收款记账而银行未收款未记账的款项

B. 银行先收款记账而企业未收款未记账的款项

C. 银行先付款记账而企业未付款未记账的款项

D. 企业先付款记账而银行未付款未记账的款项

(三)银行存款余额调节表的编制

由于未达账项的影响,企业要编制"银行存款余额调节表",对企业和开户银行的存款余额进行调整,其格式如表5-3所示。

表5-3　银行存款余额调节表

编制单位:　　　　　　　　年　　月　　日

项　　目	金额	项　　目	金额
企业银行存款日记账的余额 加:银行已收款入账而企业未入账的账项 减:银行已付款入账而企业未入账的账项		银行对账单的余额 加:企业已收款入账而银行未入账的账项 减:企业已付款入账而银行未入账的账项	
调节后存款余额		调节后存款余额	

【例5-3·业务题】 佳美公司2022年8月银行存款日记账的月末余额为200 000元,银行发来的对账单所列本公司银行存款余额为189 000元,具体业务略。

经核对,发现未达账项如下。

(1)30日,公司开出现金支票3 000元给红兴工厂,但该厂尚未去兑现。

(2)30日,银行代收百红商城的货款13 000元,收款通知尚未到达公司。

(3)31日,公司送存转账支票2 000元,银行尚未入账。

（4）31 日，银行已将本月水、电费扣除，共计 20 000 元，公司尚未收到相应单据。

（5）31 日，一张给利达公司的商业汇票到期，价值为 5 000 元，银行已支付，公司尚未收到相应付款单据。

根据以上未达账项，调节双方账面余额，编制调节表，如表 5-4 所示。

表 5-4　银行存款余额调节表

编制单位：佳美公司　　　　　　　　　　　2022 年 8 月 31 日

项　目	金额	项　目	金额
企业银行存款日记账的余额	200 000	银行对账单的余额	189 000
加：银行已收款入账而企业未入账的账项	13 000	加：企业已收款入账而银行未入账的账项	2 000
减：银行已付款入账而企业未入账的账项	20 000	减：企业已付款入账而银行未入账的账项	3 000
	5 000		
调节后存款余额	188 000	调节后存款余额	188 000

注：企业银行存款日记账调节后的存款余额＝200 000＋13 000－20 000－5 000＝188 000

　　银行对账单调节后的存款余额＝189 000＋2 000－3 000＝188 000

表 5-3 是将企业与银行双方账面余额各自补记对方已入账而本单位尚未入账的金额，经过调节后的账面余额必须相等，否则说明记账有错误，应及时查明原因，予以更正。

注意：编制银行存款余额调节表的目的是消除未达账项的影响，核对银行存款账目有无差错，不能根据银行存款余额调节表在银行存款日记账上进行调整，只有在接到有关正式结算凭证后才能编制记账凭证并据以记账。

其他货币资金如外埠存款业务较多的，也可采用上述银行存款核对方法查对。

【训练 5-8·单选题】　万恒公司 2022 年 6 月 30 日银行存款日记账的余额为 100 万元，经逐笔核对，未达账项如下：银行已收而企业未收的 10 万元；银行已付而企业未付的 5 万元。调整后的企业银行存款余额应为（　　）万元。

　A. 150　　　　　　B. 105　　　　　　C. 155　　　　　　D. 157

▶ **任务实施**

（1）库存现金的清查方法：实地盘点。

（2）库存现金的清查结果盘盈及盘亏的账务处理：库存现金盘盈参见例 5-1；库存现金盘亏参见例 5-2。

（3）银行存款的清查方法：企业银行存款日记账与银行对账单核对账目的方法。

（4）什么是未达账项？参见知识引导中的未达账项查找。

（5）银行存款余额调节表的编制：参见例 5-3。

以上内容记好笔记，多写多练，达到熟练程度。

▶ **任务训练**

训练目的：深入理解未达账项，熟练编制"银行存款余额调节表"。

训练资料：万恒公司 2022 年 8 月 31 日银行存款日记账余额为 54 000 元，银行对账单的存款余额为 62 770 元。公司与银行均无记账错误，但是发现有下列未达账项。

（1）8 月 29 日，公司开出一张金额为 3 500 元的转账支票用于支付供货方货款，但供货方尚未持该支票到银行兑现。

（2）8 月 30 日，公司送存银行的某客户转账支票 2 100 元，因对方存款不足而被退票，而公司未接到通知。

（3）8 月 31 日，公司当月的水电费用 750 元，银行已代为支付，但公司未接到付款通知而尚未入账。

（4）8 月 31 日，银行计算应付给利久公司的存款利息 120 元，银行已入账，而公司尚未收到收款通知。

（5）8 月 31 日，公司委托银行代收的款项 14 000 元，银行已转入公司的存款户，但公司尚未收到通知入账。

（6）8 月 31 日，公司收到购货方的转账支票一张，金额为 6 000 元，已经送存银行，但银行尚未入账。

训练要求：完成公司的银行存款余额调节表，如表 5-5 所示。

表 5-5　银行存款余额调节表

编制单位：万恒公司　　　　　　　　　　2022 年 8 月 31 日

项　目	金额	项　目	金额
企业银行存款日记账的余额 加：银行已收入账而企业未入账的账项 减：银行已付入账而企业未入账的账项		银行对账单的余额 加：企业已收款入账而银行未入账的账项 减：企业已付款入账而银行未入账的账项	
调节后存款余额		调节后存款余额	

任务三　实物资产的清查核算

▶ 任务描述

小张今天的任务是对实物资产进行清查，本任务的工作要点有以下四项，我们一起来学习吧。

（1）实物资产的内容及主要清查方法。

（2）实物资产清查的主要原始凭证。

（3）存货清查结果的账务处理。

（4）固定资产清查结果的账务处理。

▶ 知识引导

一、实物资产的清查方法

实物资产是指原材料、在产品、产成品、包装物、低值易耗品、固定资产等。实物资产的清查方法主要有实地盘点法和技术推算法两种。

（一）**实地盘点法**

实地盘点法是通过点数或运用度量衡工具计量等,逐一确定实物实有数量的方法。这种方法的适用范围很广,大多数的财产物资一般都采用这种方法,其缺点是工作量大。

（二）**技术推算法**

技术推算法是对于那些堆存量很大、不便于逐一点数或过磅,而单位价值又不高的物资,如原煤、矿石等,可以通过量方、计尺等方法确定有关数据,然后采用技术方法计算出其重量的方法。

实物资产清查结束,应如实登记"盘存单"(表5-6),一式两联,一联由保管部门留存作为调整其数量的依据,另一联作为财会部门编制"账存实存对比表"(表5-7)及相关账务处理的依据。

表 5-6　盘存单

单位名称：　　　　　　　　　年　月　日　　　　　　　　编号：
财产类别：　　　　　　　　　　　　存放地点：　　　　　　金额单位：

编号	名称	计量单位	数量	单价	金额	备注

盘点人：签章　　　　　　　　　　　　　　　　保管人：签章

表 5-7　账存实存对比表

编号	类别及名称	计量单位	单价	对比结果								备注
				账存		实存		盘盈		盘亏		
				数量	金额	数量	金额	数量	金额	数量	金额	

盘盈及盘亏原因：
处理决定：

主管：签章　　　　　　　　稽核：签章　　　　　　　　制表：签章

二、存货的清查核算

（一）**存货盘盈的账务处理**

财产物资的实存数大于账存数时即为盘盈。发生存货盘盈后,应查明发生的原因,及时办理盘盈存货的入账手续,调整存货账面记录,编制如下会计分录。

借：原材料、库存商品、周转材料等
　　贷：待处理财产损溢——待处理流动资产损溢

存货盘盈通常是由于收发计量差错造成的,经有关部门批准后编制如下会计分录。

借：待处理财产损溢——待处理流动资产损溢
　　贷：管理费用

【例 5-4·业务题】　佳美公司在财产清查过程中盘盈一批材料,价值 820 元;盘盈一批已加工完成的产品,价值 1 500 元,均是收发计量差错。

在批准前,根据"账存实存对比表"所载明的盘盈数编制如下会计分录。

借:原材料　　　　　　　　　　　　　　　　　　　820
　　库存商品　　　　　　　　　　　　　　　　　1 500
　　贷:待处理财产损溢——待处理流动资产损溢　2 320

报经批准后编制如下会计分录。

借:待处理财产损溢——待处理流动资产损溢　2 320
　　贷:管理费用　　　　　　　　　　　　　　　　2 320

(二)存货盘亏和毁损的账务处理

财产物资的实存数小于账存数时即为盘亏。存货发生盘亏和毁损后,在报批前应转入"待处理财产损溢"账户的借方,待批准后根据不同原因分别进行账务处理。

(1)属于自然损耗产生的定额内损耗,按规定记入"管理费用"账户。

(2)属于收发计量差错造成的超定额损耗,按规定记入"管理费用"账户。

(3)属于管理不善造成的存货盘亏和毁损,能确定过失人的,应由过失人赔偿;属于保险责任范围的,应由保险公司理赔,二者均记入"其他应收款"账户;扣除过失人或保险公司赔偿后的净额记入"管理费用"账户。

(4)属于自然灾害及意外事故造成的存货损失,可收回的残料价值记入"原材料"账户,应由保险公司的赔款记入"其他应收款"账户,扣除残值和赎款后记入"营业外支出"账户。

【例 5-5·业务题】　佳美公司在财产清查中发现乙种材料盘亏 400 元,丙种材料盘亏 3 000 元。经查,乙种材料盘亏中定额内损耗 100 元,管理人员王英过失造成的有 300 元,应由其赔偿;丙材料的毁损是由自然灾害造成的,经整理收回残料价值 200 元,已入库,可以从保险公司取得赔款 2 000 元。

在批准以前,根据"账存实存对比表"编制如下会计分录。

借:待处理财产损溢——待处理流动资产损溢　　3 400
　　贷:原材料——乙材料　　　　　　　　　　　　400
　　　　　　——丙材料　　　　　　　　　　　3 000

根据盘亏、毁损的原因及审批意见编制如下会计分录。

借:管理费用　　　　　　　　　　　　　　　　100
　　其他应收款——王英　　　　　　　　　　　300
　　　　　　　——保险公司　　　　　　　　2 000
　　原材料　　　　　　　　　　　　　　　　200
　　营业外支出——非常损失　　　　　　　　800
　　贷:待处理财产损溢——待处理流动资产损溢　3 400

【训练 5-9·多选题】　财产清查中查明的各种流动资产盘亏或毁损数,根据不同的原因,报经批准后可能记入的账户有(　　)。

A. 管理费用　　　　B. 其他应收款　　　　C. 营业外支出　　　　D. 营业外收入

三、固定资产的清查核算

固定资产的
清查核算

(一)固定资产盘盈的账务处理

根据《企业会计准则》的规定,固定资产盘盈属于前期差错,应按照《会计政策、会计估计变更和差错更正》准则进行会计处理,按固定资产重置价值借记"固定资产"账户,贷记"以前年度损益调整"账户(本书不详细介绍)。

(二)固定资产盘亏的账务处理

在财产清查中发现固定资产盘亏,企业应及时办理固定资产注销手续,按盘亏固定资产净值借记"待处理财产损溢"账户,按已提折旧额借记"累计折旧"账户,按原值贷记"固定资产"账户。

【例5-6·业务题】 佳美公司在财产清查中发现盘亏管理部门的专用打印设备一台,原价2 000元,已提折旧1 200元。在报批前编制如下会计分录。

借:待处理财产损溢——待处理固定资产损溢　　　　800
　　累计折旧　　　　　　　　　　　　　　　　　1 200
　　贷:固定资产　　　　　　　　　　　　　　　　　　　　2 000

按规定程序报批后,过失人及保险公司的应赔偿款借记"其他应收款"账户,净损失借记"营业外支出"账户,同时贷记"待处理财产损溢"账户。上述盘亏固定资产应由过失人赔偿500元,按规定程序报经批准后转销,编制如下会计分录。

借:其他应收款——××　　　　　　　　　　　　500
　　营业外支出——财产盘亏损失　　　　　　　　300
　　贷:待处理财产损溢——待处理固定资产损溢　　　　800

【训练5-10·单选题】 固定资产盘盈,经批准前应记入的账户是(　　　)。
A. 以前年度损益调整　　　　　　　　B. 营业外收入
C. 其他业务收入　　　　　　　　　　D. 营业外支出

【训练5-11·单选题】 盘亏的固定资产的账面价值经批准后借记的会计科目是(　　　)。
A. 营业外收入　　　　　　　　　　　B. 营业外支出
C. 管理费用　　　　　　　　　　　　D. 待处理财产损溢

 思政园地

某企业的副经理张某,授意设备管理人员王某将企业正在使用的一台设备借给其朋友使用,未办理任何手续。清查人员在年底盘点时发现盘亏了这台设备,其原值为10万元,已提折旧5万元,净值为5万元。原因查明后,便派人向借方追索,但借方声称该设备已被人偷走。当向副经理张某问及对此处理意见时,则建议按正常报废处理。

请分析:

(1)盘亏的设备按正常报废处理是否符合会计制度要求?你若是负责清查的人员,应如何处理?

(2)你若是会计人员,应怎样正确处理盘亏的固定资产?

(3)在财产清查工作中,工作人员应具备哪些专业素质?

要求:同学们以小组为单位进行讨论,在班级分享讨论结果。

任务实施

（1）实物资产内容及主要清查方法：实物资产主要指存货和固定资产；清查方法主要有实地盘点法和技术推算法。

（2）实物资产清查主要原始凭证主要有盘存单和账存实存对比表，如图 5-2 和图 5-3 所示。

（3）存货清查结果的账务处理：存货盘盈与盘亏账务处理分别参见例 5-4 和例 5-5。

（4）固定资产清查结果的账务处理：固定资产盘盈作为会计差错，通过"以前年度损益调整"科目核算；固定资产盘亏通过"待处理财产损溢"科目核算，账务处理参见例 5-6。

任务训练

训练目的：熟练掌握实物资产清查结果的账务处理。

训练资料：万恒公司 2021 年 12 月末进行一次全面清查，"账存实存对比表"中有下列实物资产存在问题。

（1）盘盈甲材料 5 千克，价值为 400 元。

（2）盘亏乙材料 300 千克，实际总成本为 2 820 元。

（3）盘亏设备一台，原价 30 000 元，已提折旧 20 000 元。

经查，上述盘盈甲材料系收发计量造成；盘亏乙材料 100 千克属于定额内损耗，另 200 千克系管理不善造成的，预计残料价值 400 元已入库，应由保管人员赔偿 1 000 元；盘亏固定资产系使用不当提前报废，经领导批复后按规定进行账务处理。

训练要求：编制上述业务的会计分录。

任务四　往来款项的清查核算

任务描述

小张今天的任务是对往来款项清查，本任务的工作要点有以下三项，我们一起来学习吧。

（1）往来款项的内容及清查方法。

（2）无法收回的应收款项如何进行账务处理？

（3）无法支付的应付款项如何进行账务处理？

知识引导

往来款项的清查

往来款项清查是指对有关应收账款、预付账款、应付账款、预收账款及其他应收、应付款项等进行的清查。通过清查，企业可以掌握债权、债务的真实情况，加快回收债权，促进资金流动，如期偿还债务，维护企业信用。往来款项清查一般采用"函证核对法"。

一、往来款项的清查程序和方法

在清查前，往来会计对企业债权债务明细账逐项核对正确，结出余额备用。

清查人员根据往来明细账余额编制"往来款项对账单",如表 5-8 所示。对账单一式两联,一联交付对方单位进行核对,另一联作为回单联。核对相符后在回单联上加盖公章退回,如果不相符,在回单联上注明不符的情况退回,以便进一步核对。

表 5-8　往来款项对账单

单位名称:　　　　　　　　　年　　月　　日

本企业入账时间	发票或凭证号数	摘要	应收(或付)金额	收(或付)方式	已收(或付)金额	结欠金额	贵企业入账时间	备注

贵企业:盖章　　　　　　　　　　　　　　　　　　　　　　　　　年　　月　　日

清查人员收到回单后,编制"往来款项清查结果报告表",如表 5-9 所示。对于有误的记录,应按规定进行更正;对于有争议的款项,应及时分析原因采取措施予以解决。

表 5-9　往来款项清查结果报告表

年　　月　　日

总分类账		明细分类账		清查结果		核对不相符的款项			备注
户名	金额	户名	金额	核对相符金额	核对不符金额	有争议款项金额	无法收回或偿还款项	其他原因	

清查人员:盖章　　　　　　　　　　　　　　　　　　　　　往来会计:签章

二、往来款项的清查结果的账务处理

往来款项的清查结果应按规定和批准意见进行处理,该收回的款项积极催收,该归还的款项及时偿还,有争议的账项共同协商处理,不能协商解决的可以通过法律途径进行调解或裁决。

对于确实无法收收回的应收款项,按管理权限报经批准后作为坏账转销,借记"坏账准备"账户,贷记"应收账款""其他应收款"等账户。

对于因债权人撤销等原因无法支付的应付账款,应按其他账面余额借记"应付账款"账户,贷记"营业外收入"账户。

【训练 5-12·多选题】　下列资产中可以采用发函询证方法进行清查的有(　　　)。

A. 原材料　　　　　　B. 应付账款　　　　　　C. 固定资产　　　　　　D. 应收账款

▶▷ 任务实施

(1)往来款项的内容及清查方法:往来款项是指应收账款、预付账款、应付账款、预收账款及其他应收、应付款项等,其清查方法一般采用"函证核对法"。其主要原始凭证"往来款项对账单"可参见图 5-4,"往来款项清查结果报告表"可参见图 5-5。

(2)无法收回的应收款项在报经批准后做如下账务处理。

借:坏账损失

　　贷:应收账款、其他应收款等

（3）无法支付的应付款项的账务处理如下。

借：应付账款等

  贷：营业外收入

▷ 任务训练

训练目的：熟练掌握财产清查的知识要点。

训练资料（多选题）：下列关于财产清查的表述中不正确的有（ ）。

A. 往来款项的清查一般采用与对方对账的方法

B. 银行存款可以采用实地盘点法

C. "盘存单"需经盘点人员和实物保管人员共同签章方能有效

D. "现金盘点报告表""银行存款余额调节表"都能作为调整账簿记录的原始凭证

财务报表的编制

学习目标

知识目标：

1. 了解财务报表的种类。

2. 理解财务报表的编制要求。

3. 了解资产负债表、利润表的格式与结构。

4. 掌握资产负债表、利润表主要项目的填写方法。

能力目标：

1. 能够根据企业某期期末各账户余额填列资产负债表。

2. 能够根据企业某个会计期间损益类账户发生额填列利润表。

素质目标：

1. 培养学生的团队协作和沟通能力。

2. 培养学生诚实守信、做事谨慎、看问题仔细认真的态度。

课程思政：

1. 贯彻落实党的二十大精神，培养终身学习的综合素质。

2. 学生应养成仔细、客观公正、坚持原则、不做假账的工作态度，提供真实的会计信息，强化服务意识。

学习导图

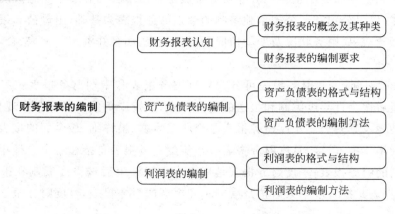

任务一　财务报表认知

任务描述

　　会计期末,小张在财务报表岗位进行实习,会计主管就财务报表的基本理论与编制技能对小张进行了指导。下面我们和小张一起来学习吧。

　　(1) 了解财务报表的概念。

　　(2) 了解财务报表的种类。

　　(3) 理解财务报表的编制要求。

知识引导

账务报表的
概念及其
种类

一、财务报表的概念及其种类

(一)财务报表的概念

　　财务报表是指企业对外提供的、综合反映其在某一特定日期财务状况、某一会计期间经营成果和现金流量的书面文件。财务报表是企业对外提供财务会计信息的最主要形式,编制财务报表是会计核算的一种专门方法,也是会计核算的结果和最后环节。

(二)财务报表的种类

　　企业的财务报表可以按照其反映的内容、编制时间、编制单位和报送对象进行分类。

　　(1) 按反映的内容不同,财务报表可分为资产负债表、利润表、现金流量表、所有者权益(或股动权益)变动表和财务报表附注。

　　(2) 按报送对象不同,财务报表可分为对外报表和内部报表。对外报表一般是按照会计准则规定的格式和编制要求编制的公开报告的会计报表。内部报表是根据企业内部管理需要编制的会计报表,一般不需要对外报告,没有统一的编制要求与格式。

　　(3) 按编制财务报表的主体不同,财务报表可分为个别财务报表和合并财务报表。个别财务报表是反映基层单位财务状况和经营成果的报表,是各独立核算单位根据本单位会计账簿资料加工编制而成的报表。合并财务报表是指以母公司和子公司组成的企业集团为一个会计主体,以母公司和子公司单独编制的个别财务报表为基础,由母公司编制的综合反映企业集团经营成果、财务状况及变动情况的财务报表,如合并资产负债表、合并利润表、合并现金流量表等。

　　(4) 按编制时间不同,财务报表可分为年度财务报表和中期财务报表。年度财务报表是指年度终了后按会计年度编制和报送的财务报表,如资产负债表、利润表、现金流量表、所有者权益变动表及其附表。年度财务报表是企业最重要、最详细、最全面的报表。中期财务报表又可分为半年度、季度、月度财务报表。半年度财务报表是指在每个会计年度的前6个月结束后编制的财务报表;季度财务报表是指一个季度结束后按季度编制和报送的财务报表;月度财务报表是指月度结束后按月度编制和报送的财务报表,月度财务报表是企业最主要的日常财务报表,如资产负债表、利润表及有关附表。

【训练 6-1·单选题】 下列关于财务报表分类的表述中正确的是(　　　　)。

A. 按编报期间不同,财务报表可分为对内财务报表和对外财务报表

B. 按编制主体不同,财务报表可分为个别财务报表和汇总财务报表

C. 中期财务报表是指每半年一次对外提供的财务报表

D. 合并财务报表的会计主体是母子公司组成的企业集团

二、财务报表的编制要求

(一) 财务报表编制的质量要求

财务报表的
编制要求

1. 内容完整

财务报表要提供全面的会计信息,不得少报、漏报。对于应当填列的,无论是表内项目还是表外项目,都应填报齐全。对于一些重要信息,应当在附注中予以披露。

2. 计算准确

财务报表要做到数字准确,不得用估计数代替实际数。企业应当依照会计准则的规定,对财务报表中各项会计要素进行合理的确认和计量,不得随意改变会计要素的确认和计量标准。在日常的会计核算中,会计人员要严格遵守会计准则和各项会计法规制度。企业会计要按权责发生制确认有关业务,要以科学的分配标准来正确计算成本、费用和利润。要做好清查盘点工作,经常进行账证、账账和账实核对,保证计算准确。

3. 数字真实

财务报表反映的各种数据要真实准确,不得弄虚作假,掩盖真相。任何组织或者个人不得授意、指使、强令企业编制和对外提供虚假的或者隐瞒重要事实的财务报表。财务报表之间、财务报表各项目之间凡有对应关系的数字,应当相互一致;财务报表中本期与上期的有关数字应当相互衔接。

4. 编报及时

财务报表所提供的会计资料有很强的时效性,如果编报不及时,很有可能会失去它应有的价值。

 思政园地

习近平总书记在党的二十大报告中提出,建设全民终身学习的学习型社会、学习型大国。这对提高人民的思想道德素质、科学文化素质和身心健康素质,服务全面建设社会主义现代化国家战略任务具有重大指导意义。我们都应从自我做起,坚持终身学习,提升自身的思想道德素质、科学文化素质和身心健康素质,为完成国家的战略任务而努力。

(二) 财务报表编制的时间要求

财务报表必须按照国家和有关部门规定的期限和程序及时编制。财务报表必须按规定时间和报送方式及时转送至相关部门。一般情况下,月度会计报告应于月份终了后 6 天内对外报出(节假日顺延,下同);季度会计报告应于季度终了 15 日内对外报出;半年度会计报告应于年度中期结束后 60 天内对外报出;年度会计报告应于年度终了后 4 个月内对外报出。

(三) 财务报表编制的形式要求

《企业会计制度》规定,企业对外提供的财务报表应当依次编定页数,加具封面,装订成册,加盖公章。封面上应当注明企业名称、企业统一代码、组织形式、地址、报表所属年度或者月份、报出日期,并由企业负责人和主管会计工作的负责人、会计机构负责人(会计主管人员)签名并盖章,设置总会计师的企业还应由总会计师签名并盖章。财务报表的填列以人民币"元"为金额单位,"元"以下填至"分"。

【训练 6-2·单选题】 下列选项中属于财务报表编制要求的是(　　　　)。

A. 内容完整　　　　　　　　　　B. 数字真实

C. 计算准确　　　　　　　　　　D. 编报及时

▶ **任务实施**

对于任务描述的问题,知识引导中都有介绍,大家要多加学习。

任务二　资产负债表的编制

▶ **任务描述**

小张深知编制会计报表是会计的一项重要技能,要学会编制资产负债表,必须熟知该表的格式与结构及每一项目的编制方法。我们也认真学起来吧。

▶ **知识引导**

一、资产负债表的格式与结构

资产负债表一般由表头、表体、表尾三部分组成:表头部分列示报表的名称、编制单位、编报时间、报表编号、货币单位等;表体部分是资产负债表的主体和核心,主要列示资产、负债、所有者权益等项目;表尾部分主要是对表体内容的补充说明,提供企业和有关部门需要了解的有关指标的详细内容。

资产负债表的格式一般有两种,即账户式和报告式。我国《企业会计准则》规定,企业的资产负债表采用账户式结构,一般为左右对照的账户形式:左边列示企业的资产项目,资产按照其流动性大小分类分项列示,流动性大的项目排列在前面,流动性小的项目排列在后面;右边列示企业的负债和所有者权益项目,负债按照其债务偿还期的长短分类分项列示,偿还期短的负债排列在前,偿还期长的负债排列在后,所有者权益按照权益永久程度的高低分类分项列示,永久程度高的权益排列在前面,永久程度低的权益排列在后面。根据"资产＝负债＋所有者权益"的会计基本等式,左方的资产总额等于右方的负债和所有者权益总额,资产负债表如表 6-1 所示。

表 6-1 资产负债表

会企 01 表

编制单位： 年 月 日 单位:元

资　产	期末余额	年初余额	负债和所有者权益（或股东权益）	期末余额	年初余额
流动资产：			流动负债：		
货币资金			短期借款		
交易性金融资产			交易性金融负债		
衍生金融资产			衍生金融资产		
应收票据			应付票据		
应收账款			应付账款		
应收款项融资			预收款项		
预付款项			合同负债		
其他应收款			应付职工薪酬		
存货			应交税费		
合同资产			其他应付款		
持有待售资产			持有待售负债		
一年内到期的非流动资产			一年内到期的非流动负债		
其他流动资产			其他流动负债		
流动资产合计			流动负债合计		
非流动资产：			非流动负债：		
债权投资			长期借款		
其他债权投资			应付债券		
长期应收款			其中:优先股		
长期股权投资			永续债		
其他权益工具投资			租赁负债		
其他非流动金融资产			长期应付款		
投资性房地产			预计负债		
固定资产			递延收益		
在建工程			递延所得税负债		
生产性生物资产			其他非流动负债		
油气资产			非流动负债合计		
使用权资产			负债合计		
无形资产			所有者权益（或股东权益）：		
开发支出			实收资本（或股本）		
商誉			其他权益工具		
长期待摊费用			其中:优先股		
递延所得税资产			永续债		
其他非流动资产			资本公积		
非流动资产合计			减:库存股		

续表

资　产	期末余额	年初余额	负债和所有者权益 (或股东权益)	期末余额	年初余额
			其他综合收益		
			专项储备		
			盈余公积		
			未分配利润		
			所有者权益(或股东权益)合计		
资产总计			负债和所有者权益 (或股东权益)总计		

补充说明:

资产负债表的编制

二、资产负债表的编制方法

资产负债表是总括反映企业某一特定日期(月末、季末或年末)全部资产、负债和所有者权益状况的财务报表。资产负债表是根据"资产＝负债＋所有者权益"的会计基本等式编制而成的,是反映企业静态财务状况的一种基本报表,一般要求按月、按年编制。

(一)资产负债表列报项目的资料来源

企业在编制资产负债表时,应当根据真实的交易、事项及完整、准确的账簿记录等资料,并按照会计准则规定的编制基础、编制依据、编制原则和方法。资产负债表列报项目的资料主要来源于:总分类账户期末余额;各明细分类账户期末余额;账户余额减去其备抵账户后的净额;备查登记簿。

(二)资产负债表的列报方法

资产负债表作为一种静态报表,其全部指标均依据有关账簿的期末余额直接或经分析、计算后填列。通常,资产负债表的各项目均需填列"年初余额"和"期末余额"两栏。其中"年初余额"栏的各项数字应根据上年末资产负债表"期末余额"栏的所列数字填列。如果本年度资产负债表的各项目的名称和内容与上年度不一致,应对上年年末资产负债表各个项目的名称和数字按本年度的规定进行调整,填入本年"年初余额"栏。"期末余额"可分为月末、季末、年末余额,其数字可根据以下几种方法填列。

1. 根据有关总分类账户的余额直接填列的报表项目

在资产负债表中,绝大部分项目都可直接根据总分类账户的期末余额直接填列,如"交易性金融资产""应收票据""短期借款""交易性金融负债""应付票据""应付职工薪酬""应交税费""递延所得税负债""实收资本""资本公积""盈余公积""开发支出"等。

应注意的是:"应付职工薪酬""应交税费"项目分别根据"应付职工薪酬""应交税费"账户的期末贷方余额填列。如果出现借方余额,则以负数填列。

2. 根据有关总分类账户余额计算填列的报表项目

当报表指标项目与账户名称不一致时,应根据指标项目性质和有关账户之间的关系通过计算填列账户余额。

(1)"货币资金"项目反映企业库存现金、银行结算户存款、外埠存款、银行汇票存款、银行本票存款、信用卡存款、信用证保证金存款等的合计数。本项目应根据总分类账户

"库存现金""银行存款"和"其他货币资金"账户的期末余额之和填列。

（2）"存货"项目反映企业期末在库、在途和在加工中的各项存货的可变现净值。本项目应根据"材料采购""在途物资""原材料""库存商品""发出商品""委托加工物资""周转材料""生产成本"等账户的期末借方余额之和减去"存货跌价准备"账户期末贷方余额后的金额填列。

【训练6-3·业务题】　佳美公司2021年12月31日结账后有关科目余额如下："在途物资"科目借方余额为300 000元，"原材料"科目借方余额为860 000元，"周转材料"科目借方余额为80 000元，"库存商品"科目借方余额为820 000元，"委托代销商品"科目借方余额为280 000元，"生产成本"科目借方余额为550 000元，"工程物资"科目借方余额为1 400 000元，"存货跌价准备"科目贷方余额为89 000元，则该企业2021年12月31日资产负债表"存货"项目应填列金额为多少？

【答案】　资产负债表"存货"项目金额＝300 000＋860 000＋80 000＋820 000＋280 000＋550 000－89 000＝2 801 000（元）

3. 根据有关总分类账户余额计算、分析填列的报表项目

有些报表项目虽然与会计核算中使用的会计科目名称一致，但其内容的实质不同，需对其总分类账户进行分析后填列。

（1）"固定资产"项目反映企业固定资产可收回的金额。本项目应根据"固定资产"账户期末借方余额与"累计折旧""固定资产减值准备"账户贷方余额之差加"固定资产清理"借方余额或减"固定资产清理"贷方余额填列。

（2）"在建工程"项目应根据"在建工程""工程物资"两账户的期末余额之和减去减值准备科目余额填列。

（3）"无形资产"项目反映企业无形资产可收回的金额。本项目应根据"无形资产"账户期末借方余额与"累计摊销""无形资产减值准备"账户贷方余额之差填列。

（4）"未分配利润"项目反映企业尚未分配的利润。1—11月资产负债表本项目应根据"本年利润"账户期末余额与"利润分配—未分配利润"账户余额之和填列，若是借方余额，要以"－"计算；年末报表本项目应根据"利润分配—未分配利润"账户的期末余额填列，借方余额填"－"。

（5）"长期借款"项目反映企业借入尚未归还的一年期以上的借款本息。本项目应根据"长期借款"账户的期末余额减去将于一年内到期的长期借款本息后的余额填列。

"长期借款"将于一年内到期的部分应在本表"一年内到期的非流动负债"项目内列报。

【训练6-4·业务题】　佳美公司2021年12月31日长期借款情况如表6-2所示。

表6-2　佳美公司长期借款明细表
2021年12月31日

借款起始日期	借款期限/年	金额/万元
2021年1月1日	3	100
2019年1月1日	5	200
2018年6月1日	4	150

要求：计算公司长期借款应填列的项目和金额。

【答案】 "长期借款"将于一年内到期的部分,在资产负债表"一年内到期的非流动负债"项目内列报。2018 年 6 月 1 日借款期限为 4 年的借款,到期日为 2022 年 6 月 1 日,自 2021 年 6 月到 2022 年 5 月,还款期还剩不到一年,所以 2021 年 12 月 150 万元填列在"一年内到期的非流动负债"目内。剩余的 100＋200＝300 万元填列在长期借款项目中。

"长期应收款""长期待摊费用""应付债券"等项目的填列可参照"长期借款"。

4. 根据有关明细分类账户余额分析、计算后填列的报表项目

有些报表项目虽然与会计核算中使用的会计科目名称一致,但其内容的实质不同,需对其明细账户进行分析后填列。

(1)"应收账款"和"预收款项"项目。"应收账款"反映企业因销售商品、提供劳务等向购买单位收取的各种款项。"预收款项"反映企业因销售商品、提供劳务等而预先收取的款项。"应收账款"项目应根据"应收账款"和"预收账款"所属明细账中有借方余额明细账的合计数减去"坏账准备"账户中根据"应收账款"计提的坏账准备期末余额后的数额填列。若"应收账款"和"预收账款"所属明细账期末余额为贷方,则在"预收账款"项目栏填列。

(2)"应付账款"项目与"预付款项"项目反映企业因采购材料、商品等应偿还的"应付账款"和为购买材料、商品等企业已经预付的"预付账款"。"应付账款"项目应根据"应付账款"和"预付账款"明细账户中有贷方余额的明细账的合计数填列;若"应付账款"和"预付账款"明细账中有借方余额,则填列在"预付款项"项目栏。

【训练 6-5·业务题】 佳美公司 2021 年 12 月 31 日科目余额如表 6-3 所示。请计算该公司 2021 年 12 月末资产负债表中"预付款项""应付账款"项目的金额。

表 6-3 佳美公司科目余额表(简表)

2021 年 12 月 31 日 单位:万元

总账科目	明细科目	借方余额		贷方余额	
		总账科目	明细科目	总账科目	明细科目
应付账款				6 000	
	——A 公司				8 000
	——B 公司		2 000		
预付账款		3 000			
	——C 公司		4 000		
	——D 公司				1 000

【答案】 佳美公司 2021 年 12 月 31 日资产负债表中相关项目的金额如下。

"预付款项"项目金额: 2 000＋4 000＝6 000(万元)

"应付账款"项目金额: 8 000＋1 000＝9 000(万元)

(3)"其他应收款"项目反映企业对其他单位和个人的应收暂付的各种款项,应根据"其他应收款""应收利息""应收股利"账户的期末余额之后减去"坏账准备"账户中根据"其他应收款"计提的坏账准备数额的差额填列。

(4)"其他应付款"项目反映企业对其他单位和个人的应付暂收的各种款项,应根据"其

他应付款""应付利息""应付股利"账户的期末余额之和填列。

【训练 6-6·单选题】 下列选项中不属于资产负债表项目的是(　　　)。

A. 原材料　　　　B. 货币资金　　　　C. 实收资本　　　　D. 在建工程

【训练 6-7·多选题】 资产负债表中,下列正确填列期末余额的有(　　　)。

A. "货币资金"项目是依据库存现金、银行存款的合计数填列

B. "预付款项"项目＝预付账款有关明细账期末借方余额＋应付账款有关明细账期末借方余额,再剔除有关减值准备

C. "固定资产"项目＝"固定资产"科目期末借方余额－"累计折旧"科目期末借方余额－"固定资产减值准备"科目期末借方余额＋"固定资产清理"科目期末借方余额或－"固定资产清理"科目期末贷方余额

D. "无形资产"项目＝"无形资产"科目期末借方余额－"累计摊销"科目期末贷方余额－"无形资产减值准备"科目期末贷方余额

▶ **任务实施**

资产负债表采用账户式结构。关于资产负债表的编制方法,大家主要掌握好前面介绍的特殊项目的编制方法,其他项目可直接填列。

▶ **任务训练**

训练目的:掌握资产负债表中"应收账款"与"预收款项"的填列方法。

训练内容:万恒公司 2022 年 6 月末应收及预收有关明细账户的资料如下(单位为元)。

"应收账款"账户总账借方余额为 450 000 元;"应收账款——A 公司"账户借方余额为 500 000 元;"应收账款——B 公司"账户贷方余额为 50 000 元。

"预收账款"账户总账贷方余额为 300 000 元;"预收账款——C 公司"账户贷方余额为 320 000 元;"预收账款——D 公司"账户借方余额为 20 000 元。

训练要求:计算"应收账款"和"预收款项"项目的期末填列金额。

任务三　利润表的编制

▶ **任务描述**

小张通过对资产负债表的编制,总结出利润表的编制也要掌握好以下两项内容,就能编制出正确的利润表。

(1)利润表的格式与结构。

(2)利润表各项目的填列方法。

▶ **知识引导**

一、利润表的格式与结构

利润表又称损益表,是反映企业在一定期间(月度、季度、半年度、年度)收入、费用和经

营成果情况的财务报表。由于利润是企业经营业绩的综合体现,又是进行利润分配的主要依据,因此,利润表是财务报表中的主要报表,我国企业的利润表采用多步式结构。利润表(简表)格式与结构如表6-4所示。

表 6-4 利 润 表

编制单位:　　　　　　　　　　　　　　　年　月　　　　　　　　　　会企 02 表

单位:元

项目	本期金额	上期金额
一、营业收入		
减:营业成本		
税金及附加		
销售费用		
管理费用		
研发费用		
财务费用		
其中:利息费用		
利息收入		
加:其他收益		
投资收益(损失以"一"号填列)		
公允价值变动收益(损失以"一"号填列)		
信用减值损失(损失以"一"号填列)		
资产减值损失(损失以"一"号填列)		
资产处置收益(损失以"一"号填列)		
二、营业利润(亏损以"一"号填列)		
加:营业外收入		
减:营业外支出		
三、利润总额(亏损总额以"一"号填列)		
减:所得税费用		
四、净利润(净亏损以"一"号填列)		
五、其他综合收益的税后净额		
(一)不能重分类进损益的其他综合收益		
……		
(二)将重分类进损益的其他综合收益		
……		
六、综合收益总额		
七、每股收益		
(一)基本每股收益		
(二)稀释每股收益		

【训练6-8·多选题】 下列属于利润表项目的有( )。

A. 营业收入、营业成本　　　　　　B. 长期待摊费用

C. 净利润、每股收益　　　　　　　D. 其他综合收益的税后净额、综合收益总额

二、利润表的编制方法

利润表的
编制

利润表"上期金额"栏内各项数字应根据上年同期利润表"本期金额"栏内所列数字填列。如果上期利润表的各个项目的名称和内容与本期不一致,应对上期利润表各项目的名称和数字按本期的规定进行调整,填入"上期余额"栏内。利润表中"本期金额"主要项目的具体填列方法如下。

(1)"营业收入"项目反映企业经营主要业务和其他业务所确认的收入总额。本项目应根据"主营业务收入""其他业务收入"等账户的发生额填列。如果该账户借方记录有销售退回等,应抵减本期的销售收入,按其销售收入净额填列本项目。

(2)"营业成本"项目反映企业经营主要业务和其他业务发生的实际成本总额。本项目应根据"主营业务成本""其他业务成本"账户的发生额分析填列。

(3)"税金及附加"项目反映企业经营业务应负担的消费税、城市维护建设税、资源税、土地增值税和教育费附加等,但不包括增值税。本项目应根据"税金及附加"科目的发生额分析填列。

(4)"销售费用"项目反映企业在销售商品过程中发生的包装费、广告费等和为销售本企业商品而专设销售机构的职工薪酬、业务费等经营费用。本项目应根据"销售费用"账户的发生额分析填列。

(5)"管理费用"项目反映企业组织和管理生产经营发生的各项费用。本项目应根据"管理费用"账户发生额分析填列。

(6)"财务费用"项目反映企业筹集生产经营所需资金等发生的筹资费用。本项目应根据"财务费用"账户的发生额分析填列。

(7)"投资收益"项目反映企业以各种方式对外投资所取得的扣除投资损失后的净收益。本项目应根据"投资收益"账户发生额分析填列。

(8)"营业利润"项目。营业利润是指企业从事生产经营活动取得的利润,是企业利润的主要来源。本项目应根据已填入利润表中的营业收入减去营业成本等相关项目金额再加上投收益等相关项目金额计算填列,如为亏损,则以"-"号填列。

(9)"营业外收入"项目和"营业外支出"项目反映企业发生的与生产经营无直接关系的各项收入和支出。这两个项目分别根据"营业外收入"和"营业外支出"账户的发生额分析填列。

(10)"利润总额"项目反映企业实现的利润总额,如为亏损,则以"-"号填列。本项目金额用营业利润加营业外收入减营业外支出计算得出。

(11)"净利润"项目反映企业交纳所得税费用后的利润,如为亏损,则以"-"号填列。本项目应根据"利润总额"减去"所得税费用"填列。

(12)"其他综合收益总额"项目应根据"净利润"与"其他综合收益的税后净额"之和填列。

任务实施

我国企业的利润表采用多步式结构,其结构与编制方法见知识引导,大家要多学习与巩固。

任务训练

训练目的:掌握利润表各主要项目的计算和填列方法。

训练内容:万恒公司 2022 年 12 月有关损益类账户的资料如表 6-5 所示(单位为元)。

表 6-5 万恒公司资料表

会计科目	借方发生额	贷方发生额
主营业务收入		12 861
其他业务收入		584
投资收益		875
营业外收入		651
主营业务成本	9 375	
销售费用	891	
税金及附加	656	
其他业务成本	420	
管理费用	1 082	
财务费用	418	
营业外支出	349	
所得税费用	445	
合 计	13 636	14 971

训练要求:根据资料编制万恒公司 2022 年 12 月的利润表(利润表自备)。

项目考核与训练、总结与评价

项目一　会 计 认 知

考核与训练

一、单项选择题

1. 下列会计要素中,反映企业财务状况的会计要素是(　　)。
   A. 收入　　　　　　B. 费用　　　　　　C. 利润　　　　　　D. 负债

2. 企业会计要素分为(　　)类。
   A. 2　　　　　　　B. 4　　　　　　　C. 6　　　　　　　D. 8

3. 下列会计要素中反映企业经营成果的会计要素是(　　)。
   A. 资产　　　　　　B. 收入　　　　　　C. 负债　　　　　　D. 所有者权益

4. 下列选项中属于流动资产的是(　　)。
   A. 仓库中原材料　　　　　　　　　　B. 机器设备
   C. 商标权　　　　　　　　　　　　　D. 借入三年期借款

5. 下列项目中不属于流动负债的是(　　)。
   A. 企业因购买货物应支付的货款　　　B. 企业因销售货物预先收取的货款
   C. 企业向银行借入的期限为 5 年的借款　D. 企业应付职工的工资、福利费

6. 下列项目中不属于所有者权益的是(　　)。
   A. 营业外收入　　　B. 实收资本　　　　C. 资本公积　　　　D. 未分配利润

7. 某项经济业务的发生引起资产的减少,则可能引起(　　)。
   A. 负债增加　　　　　　　　　　　　B. 所有者权益增加
   C. 收入增加　　　　　　　　　　　　D. 费用增加

8. 下列项目中不属于收入的有(　　)。
   A. 企业销售商品形成的收入　　　　　B. 企业出售报废固定资产形成的收入
   C. 企业销售库存材料形成的收入　　　D. 企业销售包装物形成的收入

9. 下列项目中不属于费用的是(　　)。
   A. 企业管理部门的办公费　　　　　　B. 企业发生的业务招待费
   C. 企业处置固定资产的净损失　　　　D. 企业银行贷款的手续费

10. 下列不属于期间费用的是( )。

    A. 制造费用   B. 管理费用   C. 销售费用   D. 财务费用

11. 某公司 2022 年年初的资产总额为 5 000 000 元,负债总额为 2 000 000 元,当年接受投资者投资 500 000 元,从银行借款 1 000 000 元。该公司 2022 年年末所有者权益应为( )元。

    A. 2 500 000   B. 1 500 000   C. 3 500 000   D. 5 000 000

12. 下列项目中属于所有者权益的是( )。

    A. 长期股权投资   B. 应付股利   C. 盈余公积   D. 投资收益

13. 下列项目中不属于流动资产的是( )。

    A. 货币资金   B. 交易性金融资产   C. 存货   D. 固定资产

14. 银行将短期借款转为对本公司的投资,这项经济业务将引起本公司( )。

    A. 资产减少,所有者权益增加   B. 负债增加,所有者权益减少

    C. 负债减少,所有者权益增加   D. 负债减少,资产增加

15. 企业收到前欠账款存入银行的业务属于( )。

    A. 一项资产增加,另一项资产减少

    B. 一项资产增加,另一项负债增加

    C. 一项资产增加,另一项所有者权益增加

    D. 一项资产增加,另一项负债减少

16. 下列经济业务中会使企业资产总额增加的是( )。

    A. 以银行存款购买设备   B. 从银行借入三年期借款存入银行

    C. 以银行存款偿还到期借款   D. 以盈余公积转增资本

17. 下列会计科目中属于资产类会计科目的是( )。

    A. 短期借款   B. 投资收益   C. 应收账款   D. 预收账款

18. 下列会计科目中属于负债类会计科目的是( )。

    A. 银行存款   B. 应交税费   C. 固定资产   D. 主营业务收入

19. 下列会计科目中属于所有者权益类会计科目的是( )。

    A. 无形资产   B. 应付账款   C. 实收资本   D. 管理费用

20. 下列会计科目中属于成本类会计科目的是( )。

    A. 财务费用   B. 制造费用   C. 主营业务成本   D. 其他业务成本

21. 下列会计科目中属于损益类会计科目的是( )。

    A. 应收账款   B. 资本公积   C. 生产成本   D. 主营业务收入

22. 下列会计科目中属于资产类科目的是( )。

    A. 预收账款   B. 预付账款   C. 本年利润   D. 实收资本

23. 下列会计科目中属于负债类科目的是( )。

    A. 销售费用   B. 资本公积   C. 应收账款   D. 预收账款

24. 下列会计科目中不属于损益类科目的是( )。

    A. 主营业务收入   B. 管理费用   C. 投资收益   D. 制造费用

25. 计算账户期末余额的一般公式是( )。

    A. 期末余额＝期初余额＋本期增加额－本期减少额

B. 期末余额＝期初余额＋本期减少额－本期增加额

C. 期末余额＝期初余额＋本期借方发生额－本期贷方发生额

D. 期末余额＝期初余额＋本期贷方发生额－本期借方发生额

26. 假设某账户本期期初余额为 5 000 元,本期减少发生额 8 000 元,本期期末余额 6 000 元,则该账户本期增加发生额为( )元。

A. 7 000   B. 9 000   C. 3 000   D. 6 000

二、多项选择题

1. 会计期间可以分为( )。

A. 月度   B. 季度   C. 半年度   D. 年度

2. 账户一般可以提供的金额指标有( )。

A. 期初余额   B. 本期增加发生额   C. 本期减少发生额   D. 期末余额

3. 下列关于资产的叙述中正确的有( )。

A. 由过去的交易或事项形成   B. 必须由企业拥有

C. 预期会给企业带来经济利益   D. 由企业拥有或控制

4. 下列关于负债的叙述中正确的有( )。

A. 由过去的交易或事项形成的现时义务

B. 会导致经济利益流出企业

C. 由现在的交易或事项形成的偿债义务

D. 由未来的交易或事项形成的偿债义务

5. 下列选项中属于负债要素的有( )。

A. 预付账款   B. 预收账款   C. 短期借款   D. 应交税费

6. 下列选项中属于所有者权益的有( )。

A. 实收资本   B. 资本公积   C. 盈余公积   D. 未分配利润

7. 下列选项中属于收入要素的有( )。

A. 投资收益   B. 主营业务收入   C. 营业外收入   D. 其他业务收入

8. 下列选项中属于费用要素的有( )。

A. 管理费用   B. 制造费用   C. 销售费用   D. 财务费用

9. 下列选项中属于所有者权益要素的有( )。

A. 收回的销货款   B. 投资者投入的资本

C. 本期实现的利润   D. 留存收益

三、判断题

1. 会计的职能只有两个,即核算与监督。 ( )

2. 账户上期的期末余额转入本期,即为本期的期初余额。 ( )

3. 总分类科目与其所属的明细分类科目核算的内容相同,但前者提供的信息比后者更详细。 ( )

4. 会计要素中反映财务状况的会计要素是资产、收入和利润。 ( )

5. 资产包括流动资产和固定资产两部分。 ( )

6. 各项借款、应付和预收款项都是企业的债务。 ( )

7. 企业的资本公积和未分配利润统称为留存收益。 ( )

8. 生产成本与主营业务成本都属于成本类科目。　　　　　　　　　　　　　（　　　）

9. 制造费用、管理费用、销售费用都属于损益类科目。　　　　　　　　　　（　　　）

四、技能训练题

1. **训练目的**：熟悉企业经济业务事项对会计等式的影响。

训练资料：通达公司 2022 年 7 月 31 日的资产和权益如附表 1-1 所示。

附表 1-1　通达公司的资产和权益

资产项目	月初余额	负债及所有者权益项目	月初余额
现金	1 610	短期借款	38 000
银行存款	213 000	应付账款	59 600
应收账款	36 000	应付职工薪酬	12 210
原材料	18 200	长期借款	120 000
库存商品	29 000	实收资本	200 000
固定资产	182 000	资本公积	50 000
资产合计	479 810	权益合计	479 810

通达公司 2022 年 8 月发生下列经济业务。

(1) 从银行提取现金 600 元。　　　　　　　　　　　　　　　　　　　　（　　　）

(2) 用银行存款购买原材料 5 200 元。　　　　　　　　　　　　　　　　　（　　　）

(3) 购进原材料 6 000 元，货款暂欠。　　　　　　　　　　　　　　　　　（　　　）

(4) 赊购一台设备 20 000 元，未付款。　　　　　　　　　　　　　　　　　（　　　）

(5) 从银行借入三个月期借款 20 000 元。　　　　　　　　　　　　　　　　（　　　）

(6) 从银行借入三年期借款 60 000 元。　　　　　　　　　　　　　　　　　（　　　）

(7) 收回应收账款 8 000 元存入银行。　　　　　　　　　　　　　　　　　（　　　）

(8) 用银行存款偿还前欠货款 9 000 元。　　　　　　　　　　　　　　　　（　　　）

(9) 用银行存款 10 000 元偿还短期借款。　　　　　　　　　　　　　　　　（　　　）

(10) 收到某公司投入设备 50 000 元。　　　　　　　　　　　　　　　　　（　　　）

训练要求：说明上述各项经济业务对资产和权益的影响，填在后面的括号内，并计算公司 8 月末资产权益总额。

2. **训练目的**：掌握会计科目的内容。

训练资料：通达公司 2022 年 9 月发生下列经济业务。

(1) 从银行提取现金 600 元。　　　　　　　　　　　　　　　　　　　　（　　　）

(2) 用银行存款 120 000 元购入固定资产。　　　　　　　　　　　　　　　（　　　）

(3) 购入原材料价值 1 800 元，货款尚未支付。　　　　　　　　　　　　　（　　　）

(4) 接受利顺公司投入的资金 90 000 元，存入银行。　　　　　　　　　　　（　　　）

(5) 用银行存款 16 800 归还前欠某单位货款。　　　　　　　　　　　　　　（　　　）

(6) 从银行借入期限为 8 个月的借款 20 000 元，存入银行。　　　　　　　　（　　　）

训练要求：根据上述经济业务的内容，确定每笔经济业务涉及的会计科目的名称及增减方向，填在后面的括号内。

总结与评价

　　学生对照本项目的学习目标,总结本人学习的主要内容、收获与不足,在专业知识、专业能力及专业素质方面进行自我评价,填写附表1-2,同学之间进行分享与交流,教师进行综合评价。

附表 1-2　学生总结与评价表

年　月　日

专业知识评价	你学到了哪些专业知识	掌握程度	存在的不足
专业能力评价	你具备了哪些专业能力	掌握程度	存在的不足
专业素质评价	你具备了哪些专业素质	是否有提高	存在的不足
学生(签字)	教师评价:		

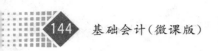
项目二　借贷记账法及其运用

➡ 考核与训练

一、单项选择题

1. 企业接受股东投资，按照其在注册资本中的份额贷记（　　）科目。
   A. 实收资本 　　　　 B. 资本公积 　　　　 C. 盈余公积 　　　　 D. 利润分配

2. 短期借款是指企业向银行或其他金融机构等借入的偿还期在（　　）以内的各种借款。
   A. 3 个月 　　　　 B. 6 个月 　　　　 C. 1 年 　　　　 D. 3 年

3. 某企业发行新股 10 000 股，每股面值 1 元，发行价为每股 5 元，不考虑其他费用，则计入资本公积的数额为（　　）元。
   A. 10 000 　　　　 B. 50 000 　　　　 C. 40 000 　　　　 D. 20 000

4. 短期借款利息数额不大，可以直接支付、不预提，在实际支付时直接计入（　　）。
   A. 财务费用 　　　　 B. 管理费用 　　　　 C. 应付利息 　　　　 D. 销售费用

5. 某增值税一般纳税人 2022 年 4 月 5 日购买不需要安装的设备一台，价款为 200 000 元，增值税税额为 26 000 元，发生运杂费 10 000 元，全部款项已用银行存款付讫，则该固定资产的入账价值为（　　）元。
   A. 226 000 　　　　 B. 210 000 　　　　 C. 226 000 　　　　 D. 209 300

6. 某工业企业为增值税小规模纳税人，2020 年 10 月 9 日购入材料一批，取得的增值税专用发票上注明的不含税价款为 21 200 元，增值税税额为 2 756 元。该企业适用的增值税税额为 3%，材料入库前的挑选整理费为 200 元，材料已验收入库，则该企业取得的材料的入账价值应为（　　）元。
   A. 20 200 　　　　 B. 21 400 　　　　 C. 23 592 　　　　 D. 24 156

7. 企业计提生产用固定资产折旧，应借记（　　）账户。
   A. 累计折旧 　　　　 B. 生产成本 　　　　 C. 制造费用 　　　　 D. 固定资产

8. 制造企业领用材料制造产品，应记入（　　）账户。
   A. 制造费用 　　　　 B. 生产成本 　　　　 C. 营业费用 　　　　 D. 管理费用

9. 制造企业销售产品时支付的运输费，应记入（　　）账户。
   A. 生产成本 　　　　 B. 管理费用 　　　　 C. 销售费用 　　　　 D. 材料采购

10. 企业本月收到上期产品赊销款 20 000 元；本期销售产品 40 000 元，收到货款 30 000 元，余款尚未收到。按权责发生制原则，本月实现主营业务收入（　　）元。
   A. 20 000 　　　　 B. 40 000 　　　　 C. 50 000 　　　　 D. 30 000

11. 某企业本月支付厂部管理人员工资 30 000 元、生产车间固定资产保险费 6 000 元，该企业本月管理费用发生额为（　　）元。
   A. 30 000 　　　　 B. 32 400 　　　　 C. 30 400 　　　　 D. 38 400

12. 企业在生产经营过程中借入短期借款的利息支出应记入（　　）账户。
   A. 管理费用 　　　　 B. 财务费用 　　　　 C. 制造费用 　　　　 D. 生产成本

13."本年利润"账户的各月末余额(　　)。

　　A. 肯定在借方　　　　　　　　　　　B. 肯定在贷方

　　C. 可能在借方、可能在贷方　　　　　D. 盈利在借方,亏损在贷方

14. 某企业本月营业利润为 220 000 元,营业外支出为 40 000 元,营业外收入为 20 000 元,该企业本月实现的利润总额为(　　)元。

　　A. 200 000　　　　B. 280 000　　　　C. 160 000　　　　D. 180 000

15. 反映现有固定资产累计折旧提取数的账户是(　　)。

　　A. 固定资产　　　B. 固定资产净值　　C. 在建工程　　　D. 累计折旧

16. 企业利润分配的对象是(　　)。

　　A. 利润总额　　　B. 税前利润　　　　C. 计税利润　　　D. 净利润

17. 制造费用期末应分配记入(　　)。

　　A. 本年利润　　　B. 生产成本　　　　C. 管理费用　　　D. 库存商品

18. 下列账户中年终结账后无余额的是(　　)。

　　A. 利润分配　　　B. 累计折旧　　　　C. 本年利润　　　D. 实收资本

19. "累计折旧"账户属于(　　)类账户。

　　A. 资产　　　　　B. 负债　　　　　　C. 费用　　　　　D. 损益

20. 某企业购入一批原材料的不含税价为 40 000 元,增值税进项税额 5 200 元,发生材料运杂费 2 300 元,该批材料的采购成本应为(　　)元。

　　A. 49 100　　　　B. 48 800　　　　C. 46 800　　　　D. 42 300

21. 下列费用在制造成本法下,不应计入产品成本,而应列作期间费用的是(　　)。

　　A. 直接材料费用　　　　　　　　　　B. 直接人工费用

　　C. 车间间接费用　　　　　　　　　　D. 企业管理部门发生的费用

22. 在账结法下,"本年利润"账户 3 月 31 日的贷方余额为 100 000 元表示(　　)。

　　A. 3 月利润总额　　　　　　　　　　B. 一季度累计净利润

　　C. 营业利润　　　　　　　　　　　　D. 主营业务利润

23. 对于某制造企业,下列选项中属于其他业务收入的是(　　)。

　　A. 销售产品取得的收入　　　　　　　B. 接受捐赠取得的收入

　　C. 销售材料取得的收入　　　　　　　D. 处理固定资产净收益

24. 企业本期发生的业务招待费应(　　)。

　　A. 分期计入损益　　　　　　　　　　B. 直接计入生产成本

　　C. 直接计入制造费用　　　　　　　　D. 直接计入管理费用

25. 应计入产品成本的费用是(　　)。

　　A. 销售费用　　　B. 财务费用　　　　C. 制造费用　　　D. 管理费用

26. 与企业生产经营无直接联系的支出是(　　)。

　　A. 营业外支出　　B. 财务费用　　　　C. 其他业务支出　　D. 销售费用

27. 产品销售过程的广告费应计入(　　)。

　　A. 销售费用　　　B. 生产成本　　　　C. 主营业务成本　　D. 管理费用

28. 与企业生产经营无直接联系的收入是(　　)。

　　A. 其他业务收入　B. 主营业务收入　　C. 营业外收入　　　D. 投资收益

二、多项选择题

1. 下列各项中属于资金来源的有(　　)。
   A. 销售商品实现的收入　　　　　　　　B. 投资者投入的资金
   C. 债权人投资的资金　　　　　　　　　D. 接受捐赠

2. 核算短期借款利息可能涉及的会计科目有(　　)。
   A. 应付利息　　　　B. 财务费用　　　　C. 银行存款　　　　D. 短期借款

3. 下列各项中不应计入材料采购成本的有(　　)。
   A. 可以抵扣的增值税　　　　　　　　　B. 运输途中运杂费
   C. 运输途中的合理损耗　　　　　　　　D. 入库后的仓储费

4. 下列各项中属于制造费用的有(　　)。
   A. 车间设备的维修费　　　　　　　　　B. 车间发生的水电费
   C. 车间发生的办公费　　　　　　　　　D. 车间管理人员的工资

5. 某企业2021年营业利润为3 200万元,营业外收入为500万元,营业外支出为100万元,净利润为3 100万元。下列关于该企业2021年度有关指标的表述中正确的有(　　)。
   A. 利润总额为3 600万元　　　　　　　B. 利润总额为3 700万元
   C. 所得税费用为500万元　　　　　　　D. 所得税费用为900万元

6. 下列项目中可以作为营业收入的是(　　)。
   A. 出售产品取得的收入　　　　　　　　B. 购买债券取得的利息收入
   C. 对外单位罚款所取得的收入　　　　　D. 出售材料取得的收入

7. 关于"本年利润"账户,下列说法中正确的是(　　)。
   A. 各月末余额反映自年初开始至当月末为止累计实现的净利润或净亏损
   B. 年终结转后无余额
   C. 平时月份期末余额可能在借方,也可能在贷方
   D. 所有者权益类账户

8. 下列各项中属于营业外支出的核算内容的是(　　)。
   A. 购买固定资产的支出　　　　　　　　B. 非常损失
   C. 罚款支出　　　　　　　　　　　　　D. 举借短期借款的利息支出

9. 下列应记入"管理费用"账户的是(　　)。
   A. 厂部固定资产的折旧费　　　　　　　B. 业务招待费
   C. 车间管理人员工资　　　　　　　　　D. 厂部管理人员工资

10. 期末需要结转至"本年利润"账户的有(　　)。
    A. 制造费用　　　　B. 管理费用　　　　C. 主营业务成本　　　D. 所得税费用

11. 下列各项税金应记入"税金及附加"账户的是(　　)。
    A. 消费税　　　　　　　　　　　　　　B. 增值税
    C. 教育费附加　　　　　　　　　　　　D. 城市维护建设税

12. 下列账户中如月末有余额通常在贷方的是(　　)。
    A. 应付账款　　　　B. 短期借款　　　　C. 预付账款　　　D. 预收账款

13. 下列费用中属于期间费用的是(　　)。
    A. 产品生产费用　　　B. 销售费用　　　C. 管理费用　　　　D. 财务费用

14. 下列账户中月末结转后没有余额的是（　　）。
　　A. 管理费用　　　　　B. 税金及附加　　　　C. 销售费用　　　　D. 财务费用

15. 下列费用中属于制造费用的是（　　）。
　　A. 车间主任工资　　　　　　　　　　　B. 车间机物料消耗
　　C. 车间耗用水电费　　　　　　　　　　D. 车间固定资产折旧

16. 构成并影响营业利润的项目有（　　）。
　　A. 主营业务成本　　B. 投资收益　　　　C. 税金及附加　　　D. 营业外收入

17. 下列费用中构成产品成本的可能有（　　）。
　　A. 直接材料费　　　B. 直接人工费　　　C. 间接制造费用　　D. 管理费用

18. 下列各项中属于营业外收入核算内容的有（　　）。
　　A. 原材料盘盈　　　　　　　　　　　　B. 罚款净收入
　　C. 处置固定资产净收益　　　　　　　　D. 接受捐赠利得

19. 下列账户中年末无余额的有（　　）。
　　A. 本年利润　　　　B. 利润分配　　　　C. 管理费用　　　D. 财务费用

20. 下列各项中属于产品成本项目的是（　　）。
　　A. 直接材料　　　　B. 折旧费用　　　　C. 管理费用　　　D. 直接人工

三、判断题

1. "应付账款"账户和"预付账款"账户同属负债类账户。（　　）
2. 利息支出（减利息收入）、汇兑差额及相关的手续费通过财务费用核算。（　　）
3. 短期借款的利息一律计入财务费用。（　　）
4. 企业获得资产的途径只能由所有者投资形成。（　　）
5. 企业应收未收的各种应收款项均应通过"应收账款"账户核算。（　　）
6. 企业销售产品时,若产品已发出,只要货款尚未收到,就不能作为营业收入处理。（　　）
7. 企业支付生产车间机器设备的修理费应记入"制造费用"账户。（　　）
8. 企业应当在收到以前月份销售货款时确认营业收入。（　　）
9. 计提固定资产折旧意味着费用增加,因此,应记入"累计折旧"账户的借方。（　　）
10. "生产成本"账户期末若有借方余额,表示企业月末有在产品。（　　）
11. 企业销售过程中发生的费用应记入主营业务成本。（　　）
12. 企业向银行或其他金融机构借入的款项,应通过"应付账款"账户进行核算。（　　）
13. 企业的营业利润与财务费用无关。（　　）
14. 计提固定资产折旧意味着固定资产价值的减少、累计折旧的增加。（　　）
15. 利润总额扣除所得税后的利润为净利润,也称税后利润。（　　）

四、技能训练题

（一）资金筹集业务核算

1. 通达公司是增值税一般纳税人,增值税税率为13%,假定公司2021年以来发生资金筹集的各项经济业务如下。

（1）投资者长红公司加入该公司,缴入资金 400 000 元,注册资本中的出资额为 300 000

元,其余 100 000 元为资本溢价。

(2) 收到 ABC 公司投入的货币资金 200 000 元存入银行。

(3) 收到甲公司投入的设备一套,原始价值为 250 000 元,双方评估值为 200 000 元。

(4) 向银行借入一年期借款 1 000 000 元存入银行。

(5) 接受南光公司投入非专利技术,评估后双方确认价值为 50 000 元。

(6) 经批准,公司用资本公积 200 000 元转增资本金。

要求:编制该公司上述经济业务的会计分录。

2. 通达公司于 2022 年年初向某商业银行申请期限为 6 个月、年利率为 5%、到期一次还本付息的流动资金借款 120 000 元,款项已划入企业银行存款账户。

要求:根据上述资料编制借入短期借款时、第 1 月至第 6 月末计算借款利息、借款到期偿还借款的会计分录。

(二) 供应过程业务核算

通达公司是增值税一般纳税人,增值税税率为 13%,2021 年 12 月发生以下有关供应过程的经济业务。

(1) 5 日,上月已付款的在途 A 材料验收入库,A 材料实际成本为 500 000 元。

(2) 8 日,从长虹公司购入 A 材料 100 千克,每千克 30 元;B 材料 50 千克,每千克 20 元,增值税税额合计 520 元,两种材料共发生运费 300 元,货款、增值税及运费尚未支付,材料已验收入库。

(3) 10 日,预付金龙公司购买 C 材料款 3 000 元。

(4) 12 日,开出支票一张,从本市光远公司购入 C 材料 40 千克,每千克 50 元,增值税税率为 13%,买价及增值税合计 2 260 元,材料已入库。

(5) 13 日,通过银行偿还前欠长虹公司的货款及运费 4 820 元。

(6) 16 日,收到金龙公司发来的 C 材料 40 千克及增值税专用发票,其中 C 材料的价款为 2 000 元,代垫运费 100 元,增值税 260 元,材料已验收入库。

(7) 18 日,从京昌公司购入 B 材料 120 千克,每千克 20 元,运杂费 400 元,增值税 312 元,企业开出并承兑了期限为 4 个月的商业汇票一张,但材料尚未到达企业。

(8) 20 日,接到银行通知,收到金龙公司退回的预付款 640 元。

(9) 公司购入甲材料 4 000 千克,每千克 2 元,总价款为 8 000 元,增值税 1 040 元,已通过银行付款,材料验收入库时,合理损耗 10 千克。

(10) 30 日,向东光公司购买 D 材料已验收入库,结算单据等仍未到达,按暂估价 60 000 元入账。

(11) 购入不需安装设备一台,买价 58 000 元,增值税税率为 13%,包装费 2 100 元,运费 588 元,全部款项以银行存款付清,设备交付生产车间使用。

(12) 购入需要安装机器一台,买价 25 000 元,增值税税率为 13%,包装费 420 元,运费 490 元,以银行存款付清全部款项,将机器交付安装公司进行安装调试,调试费 630 元以转账支票付讫。机器安装完毕,交付生产车间使用。

要求:根据上述经济业务编制会计分录。

(三) 生产过程业务核算

通达公司是增值税一般纳税人,增值税税率为 13%,2021 年 12 月发生以下生产过程业务。

（1）本月生产车间领用材料及用途汇总如附表1-3所示。

附表1-3　本月生产车间领用材料及用途汇总　　　　　单位：元

项　目	A材料	B材料	C材料	合　计
生产产品耗用	50 000	40 000	10 000	100 000
其中：甲产品	35 000	12 000	4 000	51 000
乙产品	15 000	28 000	6 000	49 000
车间一般耗用	700		200	900
管理部门耗用		600	400	1 000
合　计	100 700	80 600	20 600	201 900

（2）分配本月职工工资64 000元，生产工人工资34 000元，其中甲产品20 000元，B产品14 000元；车间管理人员工资10 000元；行政管理人员工资20 000元。

（3）按人均100元标准计提本月的职工福利费，甲产品2 800元，乙产品1 960元，生产车间1 400元，行政管理部门2 800元。

（4）开出现金支票一张64 000元，提取现金准备发放工资。

（5）以现金64 000元发放本月工资。

（6）以银行存款购入车间用办公用品1 200元。

（7）租入厂房一间，以银行存款支付本月租金1 500元。

（8）月末计提固定资产折旧，生产车间折旧费1 300元，行政管理部门折旧费2 000元。

（9）以银行存款支付本月的车间设备的修理费1 000元。

（10）根据上述业务，汇总制造费用，按甲、乙两种产品的生产工时进行分配，甲产品生产工时600小时，乙产品生产工时400小时。

（11）计算甲、乙两种产品成本。甲、乙产品全部完工，结转完工入库产品生产成本。

要求：根据所给资料编制会计分录；根据会计分录登记"生产成本""制造费用"T总账和"生产成本"T明细账。

（四）销售过程业务核算

通达公司是增值税一般纳税人，增值税税率为13%，2021年12月发生以下销售过程业务。

（1）向龙城公司销售甲产品30件，每件销售价100元，以银行存款代垫运费160元，增值税390元，款项尚未收到。

（2）预收海兰公司货款3 000元存入银行。

（3）向东兴公司销售乙产品50件，每件售价80元，增值税520元，收到转账支票一张存入银行。

（4）发出甲产品50件给海兰公司，每件售价100元，增值税650元，以银行存款垫付运费500元。2天后收到海兰公司补付的差价款2 650元及运费500元存入银行。

（5）收到向龙城公司销售甲产品的货款、增值税及运费3 550元。

（6）向黄海公司销售乙产品100件，每件80元，增值税1 040元，收到黄海公司签发的

6个月的商业承兑汇票一张,面值9 040元。

(7)结转本月销售的甲、乙两种产品的生产成本,本月销售甲、乙产品的数量分别为80件和150件。甲产品的单位成本为70元,乙产品的单位成本为55元。

(8)以银行存款支付销售产品的广告宣传费8 600元。

(9)按规定计算出本月应负担的城市建设税994元,教育费附加426元。

要求:根据上述业务编制会计分录。

(五)利润形成及利润分配业务核算

1. 通达公司是增值税一般纳税人,所得税税率25%,2021年1—11月的本年净利润的贷方余额为5 000 000元,"利润分配——未分配利润"账户的年初余额为150 000元。12月31日有关损益类账户的发生额如附表1-4所示。

附表1-4 通达公司有关损益类账户的发生额   单位:元

账户名称	借方发生额	贷方发生额
主营业务收入		600 000
主营业务成本	350 000	
税金及附加	5 000	
其他业务收入		150 000
其他业务成本	75 000	
投资收益		18 000
销售费用	35 000	
管理费用	45 000	
财务费用	3 000	
营业外收入		8 000
营业外支出	2 000	

要求:(1)计算本公司12月的营业利润、利润总额。

(2)编制结转12月损益的会计分录。

(3)计算并结转12月应交所得税(无纳税调整)。

(4)编制结转全年净利润的会计分录。

2. 假设ABC公司2015年年初未分配利润为50万元,2015年发生亏损185万元;2016—2020年,每年实现所得税前利润均为25万元,2021年实现所得税前利润为60万元。如无其他纳税调整事项,所得税税率为25%,按照10%提取法定公积金、30%向投资者分配利润。

要求:(1)编制2015—2021年度相关会计分录。

(2)计算该公司2021年未分配利润数额。

总结与评价

学生对照本项目的学习目标,总结本人学习的主要内容、收获与不足,对专业知识、专业能力及专业素质方面进行自我评价,填写附表 1-5,同学之间进行分享与交流,教师进行综合评价。

附表 1-5 学生总结与评价表
年 月 日

	你学到了哪些专业知识	掌握程度	存在的不足
专业知识评价			
	你具备了哪些专业能力	掌握程度	存在的不足
专业能力评价			
	你具备了哪些专业素质	是否有提高	存在的不足
专业素质评价			
学生(签字)	教师评价:		

项目三　会计凭证的填制与审核

 考核与训练

一、单项选择题

1. 用于记录和证明经济业务的发生或完成情况,明确经济责任,并作为记账依据的会计凭证是(　　)。
    A. 原始凭证　　　　　　B. 记账凭证　　　　　　C. 收款凭证　　　　　　D. 付款凭证

2. 在记账之前,必须根据(　　)编制记账凭证。
    A. 业务纪录　　　　　　B. 会计账簿　　　　　　C. 原始凭证　　　　　　D. 会计报表

3. "限额领料单"按其填制方法属于(　　)。
    A. 一次凭证　　　　　　B. 累计凭证　　　　　　C. 汇总凭证　　　　　　D. 计算凭证

4. 当经济业务只涉及货币资金相互间的收付时,一般填制(　　)。
    A. 收款凭证　　　　　　　　　　　　　　B. 付款凭证
    C. 转账凭证　　　　　　　　　　　　　　D. 收款凭证和付款凭证

5. 销售商品一批,部分货款已收回并存入银行,另有部分货款尚未收回,应填制(　　)。
    A. 收款凭证和转账凭证　　　　　　　　　B. 付款凭证和转账凭证
    C. 收款凭证和付款凭证　　　　　　　　　D. 两张转账凭证

6. 下列单据中属于自制原始凭证的是(　　)。
    A. 购买材料的发票　　　　　　　　　　　B. 收回销货款的进账单
    C. 工资计算单　　　　　　　　　　　　　D. 运费收据

7. 企业外购材料一批,已验收入库,货款已付,根据有关的原始凭证应填制(　　)。
    A. 收款凭证　　　　　　B. 付款凭证　　　　　　C. 转账凭证　　　　　　D. 累计凭证

二、多项选择题

1. 会计凭证包括(　　)。
    A. 原始凭证　　　　　　B. 记账凭证　　　　　　C. 收款凭证
    D. 付款凭证　　　　　　E. 转账凭证

2. 原始凭证按其取得的来源不同可分为(　　)。
    A. 一次凭证　　　　　　B. 累计凭证　　　　　　C. 汇总原始凭证
    D. 自制原始凭证　　　　E. 外来原始凭证

3. 自制原始凭证按填制手续不同可分为(　　)。
    A. 一次凭证　　　　　　B. 累计凭证　　　　　　C. 汇总凭证
    D. 专用凭证　　　　　　E. 通用凭证

4. 记账凭证按其适用的经济业务内容不同可分为(　　)。
    A. 收款凭证　　　　　　B. 付款凭证　　　　　　C. 转账凭证
    D. 专用记账凭证　　　　E. 通用记账凭证

5. 专用记账凭证是专门用于记录某一类经济业务的记账凭证,可分为(　　)。
    A. 收款凭证　　　　　　B. 付款凭证　　　　　　C. 转账凭证

　　D. 复式记账凭证　　　　E. 单式记账凭证

　6. 下列单据中属于原始凭证的有(　　　)。

　　A. 收料单　　　　　　B. 领料单　　　　　　C. 借款单

　　D. 发票　　　　　　　E. 对账单

　7. 下列单据中属于外来原始凭证的有(　　　)。

　　A. 产品入库单　　　　B. 现金收据　　　　　C. 产品出库单

　　D. 购货发票　　　　　E. 银行转来的信汇收账通知

　8. 下列原始凭证中属于一次凭证的有(　　　)。

　　A. 领料单　　　　　　B. 限额领料单　　　　C. 领料汇总表

　　D. 发货票　　　　　　E. 收料单

　9. 各种原始凭证必须具备的基本内容有(　　　)。

　　A. 凭证的名称　　　　　　　　　　　B. 填制凭证的日期

　　C. 经济业务事项名称、数量、单价和金额　　D. 应借应贷账户的名称和方向

　　E. 填制凭证单位名称或者填制人姓名

　10. 记账凭证的基本内容包括(　　　)。

　　　A. 凭证的名称和编号　　　　　　　B. 经济业务事项摘要

　　　C. 会计科目的名称、方向和金额　　　D. 凭证填制的日期和有关人员的签章

　　　E. 所附原始凭证的张数

三、判断题

1. 审核原始凭证主要审查原始凭证的合法性、合理性、完整性、正确性。　　(　　)

2. 原始凭证经审核无误后,才能作为编制记账凭证和登记明细分类账的依据。(　　)

3. 一次凭证是指一次记录一项经济业务,业务的发生是一次性完成的原始凭证。

(　　)

4. 记账凭证是依据审核无误的原始凭证或原始凭证汇总表汇总、整理编制的。(　　)

5. 为了实行钱账分管原则,通常由出纳人员填制收款凭证和付款凭证,由会计人员登记现金日记账和银行存款日记账。　　(　　)

6. 由本单位经办业务的部门和人员在执行或完成某项经济业务时所填制的凭证称为自制原始凭证,如收料单、购买材料的发货票等。　　(　　)

四、技能训练题

1. 收款凭证、付款凭证、转账凭证填制(会计凭证自备)。

资料:项目二中任务二的任务训练。

2. 通用记账凭证填制(会计凭证自备)。

资料:项目二考核与训练中的技能训练题。

➡ 总结与评价

　　学生对照本项目的学习目标,总结本人学习的主要内容、收获与不足,对专业知识、专业能力及专业素质方面进行自我评价,填写附表 1-6,同学之间进行分享与交流,教师进行综合评价。

附表1-6　学生总结与评价表

年　月　日

专业知识评价	你学到了哪些专业知识	掌握程度	存在的不足
专业能力评价	你具备了哪些专业能力	掌握程度	存在的不足
专业素质评价	你具备了哪些专业素质	是否有提高	存在的不足
学生(签字)	教师评价:		

项目四 会计账簿的设置与登记

➡ 考核与训练

一、单项选择题

1. 下列关于账簿分类的表述中正确的是( )。

A. 账簿按用途的不同可以分为序时账簿、分类账簿、备查账簿

B. 账簿按时间的不同可以分为序时账簿、分类账簿、备查账簿

C. 账簿按外形特征的不同可以分为两栏式、三栏式、多栏式和数量金额式

D. 账簿按账页格式不同可以分为订本账、活页账和卡片账

2. 下列关于登记总分类账的做法中正确的有( )。

A. 总分类账可以根据原始凭证逐笔登记

B. 总分类账可以根据科目汇总表或汇总记账凭证等登记

C. 月终,总分类账应当在全部经济业务事项登记入账后,结出各个账户期末余额

D. 总分类账的登记方法因登记依据的不同而不同

3. 下列关于会计账簿的记账规则的描述中不正确的是( )。

A. 账页登记满时,应办理转页手续

B. 使用活页式账簿时,应先将其装订成册,以防止散失

C. 在不设借贷等栏的多栏式账页中,登记减少数时,可以使用红字墨水记账

D. 记账时应使用蓝黑墨水的钢笔,不得使用圆珠笔(银行复写账簿除外)或铅笔

4. 下列关于账簿形式选择的表述中错误的是( )。

A. 对库存现金明细账的核算采用活页账形式

B. 银行存款日记账应采用订本账形式

C. 各种明细分类账一般采用活页账形式

D. 总分类账一般采用订本账形式

5. 下列关于选择明细分类账格式的说法中正确的是( )。

A. 三栏式明细分类账是设有数量、单价和金额三个栏目

B. 三栏式明细分类账适用于收入、费用和利润分配明细账的核算

C. 数量金额式明细分类账适用于既要进行金额核算又要进行数量核算的账户

D. 多栏式明细分类账适用于应收账款、应付账款等科目的明细分类核算

6. 卡片式账簿一般适用于( )明细分类账。

A. 预提费用   B. 现金   C. 固定资产   D. 银行存款

7. 年终结账,将余额结转下年时,( )。

A. 不需要编制记账凭证,但应将上年账户的余额反向结平才能结转下年

B. 应编制记账凭证,并将上年账户的余额反向结平

C. 不需要编制记账凭证,也不需要将上年账户余额结平,直接注明"结转下年"即可

D. 应编制记账凭证予以结转,但不需要将上年账户的余额反向结平

8. 银行存款日记账的借方除根据银行存款收款凭证登记外,有时还要根据(   )。

    A. 银行存款付款凭证   B. 现金付款凭证

    C. 转账凭证   D. 现金收款凭证

9. 除以 2 法是指以差错数除以 2,用得出的商数来查找(   )的数。

    A. 错位差错   B. 重记差错   C. 记错方向   D. 邻数颠倒

10. "应交税费——应交增值税"明细账应采用的格式是(   )。

    A. 借方多栏式   B. 三栏式   C. 借方贷方多栏式   D. 贷方多栏式

11. 从银行提取现金,登记库存现金日记账的依据是(   )。

    A. 银行存款收款凭证   B. 银行存款付款凭证

    C. 库存现金付款凭证   D. 库存现金收款凭证

12. 对于租入的固定资产,应登记的账簿是(   )。

    A. 总分类账簿   B. 日记账簿   C. 备查账簿   D. 明细分类账簿

13. 账簿中的日期应填写(   )上的日期。

    A. 记账凭证   B. 原始凭证   C. 会计报表   D. 账户

14. 对账即核对账目,其主要内容包括(   )等方面。

    A. 账账核对、账证核对、表表核对   B. 账证核对、账账核对、账实核对

    C. 账实核对、账表核对、账账核对   D. 账账核对、账证核对、账表核对

15. 库存现金盘点时发现账面余额和实存金额相差 45 元,通过查找发现有可能的记账错误是(   )。

    A. 将 92 误记为 29   B. 将 59 误记为 95

    C. 将 71 误记为 17   D. 将 38 误记为 83

16. 登账后发现,会计人员在分配工资费用时,将车间管理人员的工资记入了"管理费用"科目。此时应采用的更正方法是(   )。

    A. 划线更正法   B. 编制相反分录冲减

    C. 补充登记法   D. 红字更正法

17. 需要结计本年累计发生额的账户,结计"过次页"的合计数为(   )。

    A. 自本页初至本年末止累计数   B. 自年初起至本页末止累计数

    C. 自年初起至本日止累计数   D. 自月初起至本页末止累计数

18. 年终结账后,可以跨年度连续使用,不必每年更换(   )。

    A. 库存现金日记账   B. 固定资产总账

    C. 固定资产明细账   D. 库存现金总账

19. 下列各项中不符合账簿平时管理具体要求的是(   )。

    A. 会计账簿除需要与外单位核对外,一般不能携带外出

    B. 会计账簿不能随意交与其他人员管理

    C. 年度终了,一般要把旧账交给总账会计集中统一管理

    D. 各种账簿应指定专人管理

20. 企业委托加工材料登记簿属于(   )。

    A. 序时账簿   B. 总分类账簿   C. 备查账簿   D. 明细分类账簿

21. 费用明细账比较适合使用的账簿格式是( )。

    A. 三栏式账簿   B. 多栏式账簿   C. 数量金额式簿   D. 两栏式账簿

22. 下列关于会计账簿记账规则的表述中错误的有( )。

    A. 凡需结出余额的账户,结出余额后,应在"借或贷"栏内写明"借"或"贷"字样。没有余额的账户,应在"借或贷"栏内写"平"字,并在余额栏内用"0"表示

    B. 各种账簿应按页次顺序连续登记,不得跳行、隔页

    C. 账簿中书写的文字和数字上面要留有适当空格,不要写满格,一般应占格距的 2/3

    D. 账页记满时,应办理转页手续

23. ( )是连接会计凭证与财务报表的中间环节。

    A. 设置和登记会计账簿   B. 编制财务会计报告

    C. 填制和审核记账凭证   D. 进行成本计算

24. 下列关于银行存款记账过次页的表述中正确的有( )。

    A. 应将本页合计数结转下页

    B. 直接将余额结转下页

    C. 应将年初至本页止的累积发生额结转下页

    D. 将月初至本页止的发生额合计结转下页

25. ( )是会计核算的中心环节。

    A. 填制和审核会计凭证   B. 进行成本计算

    C. 编制财务会计报告   D. 设置和登记账簿

26. 下列关于总分类账户与明细分类账户关系的表述中错误的是( )。

    A. 总分类账户与明细分类账户所反映的经济业务是相同的

    B. 总分类账户与明细分类账户所反映的经济业务的详细程度是相同的

    C. 总分类账对所属明细分类账起着统驭控制的作用,明细分类账对有关总分类账起着补充说明的作用

    D. 登记总分类账与登记明细分类账的原始依据是相同的

27. 某企业在"原材料"总分类账户下开设"甲材料""乙材料"和"丙材料"3 个明细账户。本月"原材料"总分类账户的贷方发生额为 2 500 万元,"甲材料"明细分类账户的贷方发生额 850 万元,"乙材料"明细分类账户的贷方发生额为 730 万元,则本月"丙材料"明细分类账户的贷方发生额应当是( )。

    A. 2 620 万元   B. 2 380 万元   C. 920 万元   D. 4 080 万元

28. 某会计人员在审核记账凭证时,发现误将 9 000 元写成 900 元,尚未入账,可以采用( )。

    A. 重新编制记账凭证   B. 红字更正法

    C. 补充登记法   D. 划线更正法

29. 更正错账时,划线更正法的适用范围是( )。

    A. 记账凭证上会计科目或记账方向错误,导致账簿记录错误

    B. 记账凭证正确,在记账时发生错误,导致账簿记录错误

    C. 记账凭证上会计科目或记账方向正确,所记金额大于应记金额,导致账簿记录错误

D. 记账凭证上会计科目或记账方向正确,所记金额小于应记金额,导致账簿记录错误

二、多项选择题

1. 下列关于会计账簿的表述中正确的有(   )。
   A. 账簿序时、分类地记载经济业务,是在各个账户中完成的,没有账簿,账户就无法存在
   B. 账簿只是一个外在形式,账户才是它的真实内容,账簿与账户的关系是形式和内容的关系
   C. 会计账簿是对全部经济业务事项按照会计要素的具体类别而设置的分类账户进行登记的账簿
   D. 账簿的基本内容包括封面、扉页、账页、会计分录

2. 下列关于各种账簿形式优缺点的表述中正确的有(   )。
   A. 订本账的优点是能避免账页散失和防止抽换账页
   B. 活页账的缺点是不能准确为各账户预留账页,不便于分工记账
   C. 活页账的优点是记账时可以根据实际需要,随时将空白账页装入账簿,或抽取不需要的账页,可根据需要增减账页
   D. 订本账缺点是如果管理不善,可能会造成账页散失或故意抽换账页

3. 下列关于备查账簿的表述中正确的有(   )。
   A. 备查账簿不是依据会计凭证登记的,没有固定的格式
   B. 备查账簿用文字来记录主要账簿中没有记录的经济业务
   C. 每个单位都应设置备查账簿
   D. 备查账簿可以连续使用,不必每年更换

4. 下列选项中建立备查账的账簿有(   )。
   A. 租入的固定资产   B. 购入的固定资产
   C. 受托加工材料   D. 应收票据贴现

5. 下列选项中符合登记会计账簿基本要求的有(   )。
   A. 文字和数字的书写应占格距的 1/3
   B. 登记后应在记账凭证上签名或盖章,并注明已经登账的符号
   C. 在登记各种账簿时,应按页次顺序连续登记,不得隔页、跳行
   D. 用蓝黑和碳素墨水书写,不得用圆珠笔(银行的复写账簿除外)或铅笔书写

6. 下列关于日记账的表述中错误的有(   )。
   A. 现金日记账每日终了,应分别计算现金收入和现金支出的合计数,结出余额,同时将余额同库存现金实有数核对
   B. 银行存款日记账与现金日记账格式相同,即可以采用三栏式,也可以采用多栏式,但必须都使用订本账
   C. 摘要栏登记入账的收、付款凭证的种类和编号
   D. 银行存款日记账由会计登记,按时间先后顺序逐日逐笔进行登记,每日结出存款余额,月终计算出全月收入、支出的合计数

7. 可以作为现金日记账记账依据的有(   )。
   A. 现金收款凭证   B. 现金付款凭证   C. 银行收款凭证   D. 银行付款凭证

8. 下列必须逐日逐笔登记明细账的有( )。

    A. 原材料   B. 应收账款   C. 应付账款   D. 管理费用

9. 必须逐日结出余额、按月结计发生额的账簿有( )。

    A. 银行存款总账   B. 现金日记账

    C. 现金总账   D. 银行存款日记账

10. 下列账簿中通常采用三栏式账页格式的有( )。

    A. 现金日记账   B. 管理费用明细账

    C. 总分类账   D. 银行存款日记账

11. 运用平行登记法登记总账和明细账时,必须做到( )。

    A. 详简程度相同

    B. 记账方向相同

    C. 同时登记

    D. 总账账户的本期贷方发生额＝所属明细账户本期贷方发生额合计

12. 下列关于对账工作的说法中正确的有( )。

    A. 对账就是核对账目,即对账簿、账户记录的正确与否所进行的核对工作

    B. 对账工作是为了保证账证相符、账账相符和账实相符的一项检查性工作,其目的在于使期末用于编制会计报表的数据真实、可靠

    C. 对账工作应该每年至少进行一次

    D. 对账工作一般在月初进行

13. 下列关于账证核对的说法中正确的有( )。

    A. 如果账账不符,可以将账簿记录与有关会计凭证进行核对

    B. 账证核对是对会计账簿记录与原始凭证、记账凭证的各项内容进行核对

    C. 账证核对是追查会计记录正确与否的最终途径

    D. 通常在日常编制凭证和记账过程中进行

14. 账账核对不包括( )。

    A. 证证核对

    B. 银行存款日记账余额与银行对账单余额核对

    C. 总账账户借方发生额合计与其明细账借方发生额合计的核对

    D. 各种应收、应付账款明细账面余额与有关债权、债务单位的账目余额相核对

15. 下列属于账实核对的有( )。

    A. 银行对账单余额与银行日记账余额核对

    B. 债权债务明细账余额与对方单位的账面记录是否相等

    C. 总分类账的金额与所属明细分类账簿的金额之和核对

    D. 现金日记账余额与库现金数额是否相等

16. 记账后,发现记账凭证中的金额有错误,导致账簿记录错误,不能采用的错账更正方法是( )。

    A. 划线更正法   B. 红字更正法   C. 补充登记法   D. 重新抄写法

17. 红字更正法通常适用的情况是( )。

    A. 记账后在当年内发现记账凭证所记的会计科目错误

B. 发现上一年度的记账凭证所记的会计科目错误

C. 记账后发现会计科目无误而所记金额大于应记金额

D. 记账后发现会计科目无误而所记金额小于应记金额

18. 下列关于结账方法的表述中正确的是（　　）。

    A. 总账账户平时只需结出月末余额，年终结账时，在"本年合计"栏下通栏划双红线

    B. 需要结计本年累计发生额的明细账户，12月末的"本年累计"就是全年累计发生额，全年累计发生额下通栏划双红线

    C. 对不需按月结计本期发生额的账户，每次记账后，随时结出余额，每月最后一笔余额即为月末余额

    D. 现金、银行存款日记账，收入费用明细账，结出本月发生额和余额，在摘要栏注明"本月合计"字样，并在下面通栏划双红线

19. 下列可以用红色墨水记录的业务或者事项有（　　）。

    A. 记账凭证上会计科目、记账方向均正确，但所记金额小于应记金额致使账簿记录发生少记错误时的更正

    B. 在不设借贷栏的多栏式账页中登记减少数

    C. 记账凭证上会计科目、记账方向均正确，但所记金额大于应记金额致使账簿记录发生多记错误时的错误更正

    D. 在未印明余额方向的三栏式账户中登记负数余额

20. 下列关于会计账簿记账规则的表述中正确的有（　　）。

    A. 账页记满时，应办理转页手续

    B. 凡需结出余额的账户，结出余额后，应在"借"或"贷"栏内写明"借"或"贷"字样

    C. 各种账簿应按页次顺序连续登记，不得跳行、隔页

    D. 账簿中书写的文字和数字上面要留有适当空格，不要写满格，一般应占格距的2/3

21. 银行存款日记账通常由出纳人员根据审核后的（　　）进行登记。

    A. 现金收款凭证　　　　　　　　　　B. 银行存款付款凭证

    C. 银行存款收款凭证　　　　　　　　D. 现金付款凭证

22. 下列关于账簿的表述中正确的是（　　）。

    A. 总账可以提供每一项交易的发生日期

    B. 账簿可以为定期编制会计报表提供资料

    C. 登记账簿是会计核算的一种重要方法

    D. 账簿是考核企业经营成果、加强经济核算的重要依据

23. 对发生的每一笔经济业务，（　　）。

    A. 既要记入有关总分类账，又要记入有关总分类账所属的明细分类账

    B. 登记总分类账户和其所属明细分类账户的依据应当相同

    C. 登记总分类账户和其所属明细分类账户的借贷方向相同

    D. 必须在同一天登记总分类账户和其所属明细分类账户

24. 结账程序包括（　　）。

    A. 结算出日记账、总账、明细账的本期发生额和期末余额

B. 将损益类账户,记入"本年利润"账户,结平所有损益类账户

C. 将本期内发生的经济业务全部记入有关账户

D. 将本期内所有的转账业务,编制记账凭证记入有关账户,以调整账户记录

25. 下列关于结账的说法中正确的有( )。

A. 总账账户应按月结出本月发生额和月末余额

B. 应收账款明细账应在每次记账后随时结出余额

C. 年终应将所有总账账户结计全年发生额和年末余额

D. 现金日记账应按月结出本月发生额和月末余额

26. 会计账簿按用途不同可分为( )。

A. 订本式账簿　　　B. 分类账簿　　　C. 备查账簿　　　D. 序时账簿

27. 错账更正方法有( )。

A. 红字更正法　　　B. 划线更正法　　　C. 除 9 法　　　D. 补充登记法

28. 年度结束后,对于账簿的保管应当做到( )。

A. 当即销毁　　　B. 加上封面　　　C. 装订成册　　　D. 统一编号

29. 下列关于会计账簿的登记规则的表述中错误的是( )。

A. 账簿记录中的日期,应该填写原始凭证上的日期

B. 多栏式账页中登记减少数可以使用红色墨水

C. 在登记各种账簿时,应按页次顺序连续登记,不得隔页、跳行

D. 对于没有余额的账户,应在"借或贷"栏内写"平"表示

30. 现金日记账的登记依据有( )。

A. 银行存款收款凭证　　　　　B. 现金收款凭证

C. 现金付款凭证　　　　　　　D. 银行存款付款凭证

31. 账账核对不包括( )。

A. 证证核对

B. 银行存款日记账余额与银行对账单余额核对

C. 总账账户借方发生额合计与其明细账借方发生额合计的核对

D. 各种应收、应付账款明细账面余额与有关债权、债务单位的账目余额相核对

三、判断题

1. 各种明细账的登账依据可以是原始凭证、原始凭证汇总表,也可以是科目汇总表。
　　　　　　　　　　　　　　　　　　　　　　　　　　　　( )

2. 在明细账的核算中,只需要进行金额核算的,必须使用三栏式明细账。　( )

3. 除 2 法是指以差数除以 2 来查找错账的方法,适用于将数字写小、将数字写大、邻数颠倒。　　　　　　　　　　　　　　　　　　　　　　　　　　　　( )

4. 采用补充登记法纠正错误的,应编制一张红字及一张蓝字记账凭证。　( )

5. 在整个账簿体系中,日记账和分类账是主要账簿,备查账为辅助账簿。　( )

6. 会计账簿按外表形式可分为三栏式、数量金额式、多栏式。　　　　　( )

7. 设置和登记账簿是会计的一种专门方法。　　　　　　　　　　　　　( )

8. 分类账簿是对全部业务按收、付、转业务进行分类登记的账簿。　　　( )

9. 日记账和总分类账必须采用订本式账簿。　　　　　　　　　　　　　( )

10. 账实核对是指各种账簿之间的有关数字进行核对,做到账账相符。 （　　）

11. 对账就是核对账目,是在期末将本期发生的经济业务登记入账之后,对账簿、账户记录所进行的核对工作。 （　　）

12. 划线更正法主要适用于会计科目和记录方向正确,但是实际发生额大于记录发生额的情况。 （　　）

13. 备查账簿相对于序时账簿和分类账簿这两种主要账簿而言,属于辅助性账簿。
（　　）

四、技能训练题

1. 将下列三笔业务登记在银行存款日记账(三栏式,账簿自备)中。

(1) 12 月 3 日,收回货款存入银行。

借:银行存款　　　　　　　　　　　　5 000
　贷:应收账款　　　　　　　　　　　　　　5 000
(银行收款凭证 1 号)

(2) 12 月 7 日,用银行存款支付办公费 3 000 元。

借:管理费用　　　　　　　　　　　　3 000
　贷:银行存款　　　　　　　　　　　　　　3 000
(银行付款凭证 2 号)

(3) 12 月 8 日,将现金 1 000 元存入银行。

借:银行存款　　　　　　　　　　　　1 000
　贷:库存现金　　　　　　　　　　　　　　1 000
(现金付款凭证 2 号)

2. 通达公司 20××年 5 月查账时发现下列错账。

(1) 从建兴公司购买原材料 3 000 元,错记为 8 000 元。

(2) 生产车间购买办公耗材 500 元,借方错记入"管理费用"。

训练要求:根据以上资料,按规定的错账更正方法进行更正,并注明更正方法的名称。

总结与评价

学生对照本项目的学习目标,总结本人学习的主要内容、收获与不足,对专业知识、专业能力及专业素质方面进行自我评价,填写附表 1-7,同学之间进行分享与交流,教师进行综合评价。

附表 1-7　学生总结与评价表
年　　月　　日

	你学到了哪些专业知识	掌握程度	存在的不足
专业知识评价			

续表

专业能力评价	你具备了哪些专业能力	掌握程度	存在的不足

专业素质评价	你具备了哪些专业素质	是否有提高	存在的不足

学生（签字）	教师评价：

项目五　财产清查

考核与训练

一、单项选择题

1. 按预先计划安排的时间对财产物资进行的清查是（　　）。
   A. 全面清查　　　　B. 局部清查　　　　C. 定期清查　　　　D. 不定期清查
2. 对于债权债务，每年至少要同对方核对（　　）次，以便发现问题及时解决。
   A. 1　　　　B. 1～2　　　　C. 2～3　　　　D. 3～4
3. 下列关于现金清查的说法中不正确的是（　　）。
   A. 在清查小组盘点现金时，出纳人员必须在场
   B. "现金盘点报告表"只需要清查人员签字盖章
   C. 要根据"现金盘点报告表"进行账务处理
   D. 库存现金的清查应采用实地盘点法

4. "待处理财产损溢"账户是(　　　)账户。

　　A. 资产类　　　　　　B. 负债类　　　　　　C. 所有者权益类　　　D. 损益类

5. 无法查明原因的现金盘亏应记入(　　　)账户。

　　A. 营业外支出　　　　B. 管理费用　　　　　C. 其他应收款　　　　D. 财务费

6. 无法查明原因的现金盘盈应记入(　　　)账户。

　　A. 营业外支出　　　　B. 管理费用　　　　　C. 营业外收入　　　　D. 财务费用

7. 对于银行存款已收款记账,企业尚未记账的未达账项,其记账依据是(　　　)。

　　A. 银行对账单　　　　　　　　　　　　　　B. 银行存款余额调节表

　　C. 收到的银行收款通知　　　　　　　　　　D. 盘存单

8. 对往来款项的清查,应采用的方法是(　　　)。

　　A. 实地盘点法　　　　　　　　　　　　　　B. 技术推算法

　　C. 抽查法　　　　　　　　　　　　　　　　D. 与往来单位核对账目法

9. 固定资产盘盈,经批准前应记入的账户是(　　　)。

　　A. 以前年度损益调整　　　　　　　　　　　B. 营业外收入

　　C. 其他业务收入　　　　　　　　　　　　　D. 营业外支出

10. 下列属于盘亏的固定资产的账面价值经批准后借记的科目是(　　　)。

　　A. 营业外收入　　　　　　　　　　　　　　B. 营业外支出

　　C. 管理费用　　　　　　　　　　　　　　　D. 待处理财产损溢

二、多项选择题

1. 财产清查的对象一般包括(　　　)。

　　A. 财产物资　　　　　B. 债权债务　　　　　C. 交易性金融资产　　D. 无形资产

2. 年终决算之前,为确保年终决算会计信息的真实和准确,需要进行的财产清查有(　　　)。

　　A. 全面清查　　　　　B. 局部清查　　　　　C. 定期清查　　　　　D. 不定期清查

3. 全面清查一般应在(　　　)进行。

　　A. 年终决算前　　　　B. 单位撤销时　　　　C. 清产核资时　　　　D. 每月结账前

4. 下列关于财产清查的相关表述中正确的有(　　　)。

　　A. 银行存款清查采用与开户行核对账目的方法

　　B. 库存现金清查采用实地盘点法

　　C. 往来款项清查一般采用发函询证方法

　　D. 实物资产清查采用实地盘点法

5. 下列各项中属于银行存款未达账项的有(　　　)。

　　A. 企业已收,银行已收　　　　　　　　　　B. 企业已付,银行未付

　　C. 企业已收,银行未收　　　　　　　　　　D. 银行已付,企业未付

6. 财产清查结果账务处理的原始凭证是(　　　)。

　　A. 盘存单　　　　　　　　　　　　　　　　B. 现金盘点报告表

　　C. 账存实存对比表　　　　　　　　　　　　D. 银行存款余额调节表

7. "待处理财产损溢"账的结构是(　　　)。

　　A. 借方登记盘盈数,贷方登记盘亏数

B. 借方登记盘亏数,贷方登记盘盈数

C. 借方登记盘盈处理数,贷方登记盘亏处理数

D. 借方登记盘亏处理数,贷方登记盘盈处理数

8. 下列财产清查中会影响管理费用的有(　　)。

　　A. 库存现金盘亏　　　B. 库存现金盘盈　　　C. 固定资产盘亏　　　D. 存货盘亏

9. 下列各项中属于使企业银行存款日记账余额大于银行对账单余额的未达账项有(　　)。

　　A. 企业先收款记账而银行未收款未记账的款项

　　B. 银行先收款记账而企业未收款未记账的款项

　　C. 银行先付款记账而企业未付款未记账的款项

　　D. 企业先付款记账而银行未付款未记账的款项

10. 下列资产中可以采用发函询证方法进行清查的有(　　)。

　　A. 原材料　　　　　B. 应付账款　　　　　C. 固定资产　　　　　D. 应收账款

三、判断题

1. 只要会计账簿记录正确,就表明各项财产物资账实一定相符。　　　　　　　　(　　)

2. 在清查小组盘点现金时,出纳人员必须在场。　　　　　　　　　　　　　　(　　)

3. 如果企业与银行双方记账均无错误,企业银行存款日记账与银行对账单余额肯定一致。

(　　)

4. "银行存款余额调节表"编制完成后,可作为登记企业银行存款日记账的原始凭证。

(　　)

5. 企业无法支付的应付账款经批准后应转入"营业外收入"账户。　　　　　　　(　　)

四、技能训练题

1. 企业财产清查中发现实存现金比账存现金多200元,经查,其中100元是应付给职工王某的款项,另100元未查明原因。编制批准前、后的会计分录。

2. 企业财产清查中发现实存现金比账存现金少300元,经查,其中200元是出纳员的责任,应由其赔偿,另100元未查明原因。编制批准前、后的会计分录。

3. 通达公司2022年9月30日银行存款日记账余额为98 500元,9月底公司与银行往来的其余资料如下。

(1) 9月30日收到购货方转账支票一张,金额为12 600元,已经送存银行,但银行尚未入账。

(2) 本公司当月的水电费用800元银行已代为支付,但公司因未接到通知而尚未入账。

(3) 本公司当月开出的用于支付供货方货款的转账支票,尚有4 500元未兑现。

(4) 本公司送存银行的某客户转账支票35 000元,因对方存款不足而被退票,公司未接到通知。

(5) 公司委托银行代收的款项22 000元,银行已转入本公司的存款户,但本公司尚未收到入账通知。

要求:完成通达公司的银行存款余额调节表。

4. 顺达公司为增值税一般纳税人,增值税税率为13%。生产中所需W材料按实际成本核算。2022年6月,因自然灾害毁损W材料14万元,该批材料购入时支付的增值税为

1.82 万元。经保险公司核定应赔偿 10 万元,款项尚未收到,其余损失已经有关部门批准处理。编制批准前、后的会计分录。

➤ 总结与评价

　　学生对照本项目的学习目标,总结本人学习的主要内容、收获与不足,对专业知识、专业能力及专业素质方面进行自我评价,填写附表 1-8,同学之间进行分享与交流,教师进行综合评价。

附表 1-8　学生总结与评价表
年　月　日

	你学到了哪些专业知识	掌握程度	存在的不足
专业知识评价			
	你具备了哪些专业能力	掌握程度	存在的不足
专业能力评价			
	你具备了哪些专业素质	是否有提高	存在的不足
专业素质评价			
学生(签字)	教师评价:		

项目六　财务报表的编制

考核与训练

一、单项选择题

1. 下列各项中应根据相关总账科目的余额直接在资产负债表中填列的是（　　）。

    A. 应付账款　　　　　B. 短期借款　　　　　C. 长期借款　　　　　D. 固定资产

2. 2021 年 10 月 31 日，生产成本借方余额 50 000 元，原材料借方余额 30 000 元，委托代销商品借方余额 40 000 元，工程物资借方余额 10 000 元，存货跌价准备贷方余额 3 000 元，则资产负债表"存货"项目的金额为（　　）元。

    A. 117 000　　　　　B. 90 000　　　　　C. 120 000　　　　　D. 93 000

3. 下列各项中属于资产负债表中流动负债项目的是（　　）。

    A. 长期借款　　　　　B. 预收款项　　　　　C. 应付股利　　　　　D. 应付债券

4. 通达公司 2018 年 7 月 1 日从银行借入期限为 4 年的长期借款 900 万元，2021 年 12 月 31 日编制资产负债表时，此项借款应填入的报表项目是（　　）。

    A. 其他长期负债　　　　　　　　　　B. 一年内到期的非流动负债

    C. 短期借款　　　　　　　　　　　　D. 长期借款

5. 通达公司"应收账款"科目月末借方余额 100 000 元，其中"应收账款——甲公司"明细科目借方余额 110 000 元，"应收账款——乙公司"明细科目贷方余额 10 000 元；"预收账款"科目月末贷方余额 30 000 元，其中"预收账款——A 工厂"明细科目贷方余额 90 000 元，"预收账款——B 工厂"明细科目借方余额 60 000 元；坏账准备科目余额为 0。该企业月末资产负债表中"应收账款"项目的金额为（　　）元。

    A. 100 000　　　　　B. 90 000　　　　　C. 170 000　　　　　D. 160 000

二、多项选择题

1. 下列会计科目的期末余额应当列入资产负债表"存货"项目的有（　　）。

    A. 在途物资　　　　　B. 生产成本　　　　　C. 周转材料　　　　　D. 工程物资

2. 下列各项中，在资产负债表中的"货币资金"项目中反映的有（　　）。

    A. 银行结算户存款　　B. 外埠存款　　　　　C. 信用卡存款　　　　D. 库存现金

3. 下列资产负债表项目中，根据总账余额直接填列的有（　　）。

    A. 应付票据　　　　　B. 应收票据　　　　　C. 应收账款　　　　　D. 资本公积

4. 下列各项中，应根据有关科目余额减去其备抵科目余额后的净额填列的有（　　）。

    A. 无形资产

    B. 以公允价值计量且其变动计入当期损益的金融资产

    C. 其他应收款

    D. 工程物资

5. 下列各项中，应在资产负债表"预付款项"项目列示的有（　　）。

    A. "应付账款"科目所属明细账科目的借方余额

    B. "预付账款"科目所属明细账科目的贷方余额

　　C.“预付账款”科目所属明细账科目的借方余额

　　D.“应付账款”科目所属明细账科目的贷方余额

6.下列各项中,在资产负债表中“非流动资产”项目下列示的有(　　　)。

　　A. 开发支出　　　　　B. 其他应收款　　　　　C. 商誉　　　　　D. 工程物资

三、判断题

1.“生产成本”科目余额不应该反映在资产负债表中,应该列示在利润表中。　　　　　　(　　)

2.资产负债表中的“固定资产”项目应包括融资租入固定资产的账面价值。　　　　　(　　)

3.资产负债表中“长期借款”项目应根据“长期借款”科目余额直接填列。　　　　　(　　)

4.“预收款项”项目应根据“预收账款”和“应收账款”科目所属各明细科目的期末贷方余额合计数填列。如“预收账款”科目所属各明细科目期末有借方余额,应在资产负债表“应付账款”项目内填列。　　　　　　　　　　　　　　　　　　　　　　　　　　　　　　(　　)

四、技能训练题

1.通达公司 2022 年 12 月 31 日有关账户的余额如附表 1-9 所示,应收账款、预付账款明细账余额均为借方,应付账款、预收账款的明细账余额均为贷方。

附表 1-9　通达公司总分类账户期末余额表

2022 年 12 月 31 日　　　　　　　　　　　　　　单位:元

账户名称	借方余额	账户名称	贷方余额
库存现金	1 600	短期借款	20 000
银行存款	12 200	应付票据	12 000
其他货币资金	3 100	应付账款	10 000
应收票据	6 000	预收账款	3 000
应收账款	21 300	其他应付款	12 100
预付账款	6 100	应付职工薪酬	12 600
其他应收款	2 900	应交税费	6 000
原材料	16 900	坏账准备	3 000
库存商品	31 200	累计折旧	30 000
生产成本	2 000	长期借款	20 000
在建工程	22 000	其中:一年内到期的长期借款	3 000
固定资产	300 000	实收资本	200 000
		资本公积	20 000
		盈余公积	16 000
		利润分配(未分配利润)	60 600
合　计	425 300	合　计	425 300

　　要求:根据上列资料填列通达公司 2022 年 12 月 31 日的资产负债表并注明主要栏目的

计算过程(资产负债表自备)。

2. 通达公司 2022 年 12 月有关收支项目的发生额如附表 1-10 所示,假如所得税费用按利润总额的 25% 计算。

附表 1-10　通达公司各损益类账户发生额

2022 年 12 月　　　　　　　　　　　　　　单位:元

账户名称	本月借方发生额	本月贷方发生额
主营业务收入		1 170 000
其他业务收入		200 000
其他业务成本	50 000	
主营业务成本	835 000	
税金及附加	18 000	
销售费用	4 000	
管理费用	22 000	
财务费用	2 000	
投资收益		16 000
营业外收入		3 000
营业外支出	2 000	

要求:根据上述资料填列通达公司 2022 年 12 月利润表(利润表自备)。

3. 顺达公司所得税费用按利润总额的 25% 计算。该公司 2022 年 1—11 月各损益类账户的累计发生额和 12 月底转账前各损益类账户的发生额如附表 1-11 所示。

附表 1-11　顺达公司各损益类账户发生额

账户名称	12 月发生额		1—11 月累计发生额	
	借方	贷方	借方	贷方
主营业务收入		252 800		5 000 000
主营业务成本	162 600		2 800 000	
销售费用	1 000		29 000	
税金及附加	7 500		32 500	
其他业务成本	2 000		11 000	
营业外支出	3 000		30 000	
财务费用	1 200		15 000	
管理费用	9 000		32 000	
其他业务收入		3 000		16 000
营业外收入		2 500		
投资收益		1 000		

要求:计算顺达公司 2021 年度利润表的下列报表项目金额(有计算过程)。

(1) 营业收入(　　　　　)元。

(2) 营业成本(　　　　　)元。

(3) 营业利润(　　　　　)元。

(4) 利润总额(　　　　　)元。

(5) 净利润 (　　　　　)元。

➡ 总结与评价

　　学生对照本项目的学习目标,总结本人学习的主要内容、收获与不足,对专业知识、专业能力及专业素质方面进行自我评价,填写附表 1-12,同学之间进行分享与交流,教师进行综合评价。

附表 1-12　学生总结与评价表

年　月　日

	你学到了哪些专业知识	掌握程度	存在的不足
专业知识评价			
	你具备了哪些专业能力	掌握程度	存在的不足
专业能力评价			
	你具备了哪些专业素质	是否有提高	存在的不足
专业素质评价			
学生(签字)	教师评价:		

企业综合业务模拟

项目一 公司基本信息

一、企业工商注册信息

企业工商注册信息如附表 2-1 所示。

附表 2-1 企业工商注册信息

企业名称	神州开源实业有限公司
企业类型	有限责任公司
注册地址	神州市西郊工业园区 23 号
电话	0937－66×××88
法定代表人	李浩然
认缴注册资本总额/万元	100
成立日期	2021 年 1 月 18 日
营业期限	2021 年 1 月 18 日至 2037 年 1 月 18 日
开户银行	中国工商银行神州盘旋路支行
账号	136002030003568
许可经营范围	
一般经营项目	生产销售塑料 PVC 管件、管材及板、塑料 PP－R 管件及管材,销售化工产品(危化品除外)、五金交电
许可经营项目	依法须经批准的项目,经相关部门批准后方可开展经营活动

二、股东信息

股东信息如附表 2-2 所示。

附表 2-2 股东信息

股东名称	出资额/元	出资比例/%	股东属性	股东类别
李浩然	800 000.00	80.00	自然人	自然人
王潇	200 000.00	20.00	自然人	自然人
姓名	职务		产生方式	
李浩然	总经理		聘用	
王潇	执行(常务)董事		委派	
张妍	监事		委派	

三、公司相关证照

公司相关证照如附图 2-1 和附图 2-2 所示。

附图 2-1　企业法人营业执照

附图 2-2　开户许可证

四、公司组织结构

公司组织结构如附图 2-3 所示。

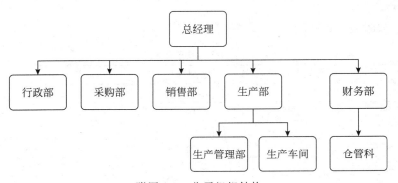

附图 2-3　公司组织结构

五、公司税务信息

公司税务信息如附表 2-3 所示。

附表 2-3　公司税务信息

纳税人识别号	12622100438450653D
增值税纳税人属性	一般纳税人
增值税	货物销售增值税税率13%,技术服务增值税税率6%
企业所得税	企业所得税征收率为25%,实行查账征收,按月清缴、年终汇算清缴
城市维护建设税	征收率为7%
教育费附加	征收率为3%
地方教育费附加	征收率为2%
个人所得税	缴纳方式为代扣代缴

六、公司财务制度

公司严格执行《中华人民共和国会计法》《会计人员职权条例》《会计人员工作规则》等法律法规。

（一）财务机构与财会人员的主要职责

（1）公司设财务部,由财务主管、会计、出纳三个基本岗位组成,财务主管协助总经理管理好公司一切财务事务及资金管理活动。

（2）财务人员负责公司筹资管理和会计日常核算工作,负责公司日常财务管理和财务分析工作,定期判断和评价企业的财务状况与生产经营成果,为公司领导决策提供依据。

（3）出纳员不得兼管会计档案保管和债权债务账目的登记工作。

（4）财会人员都要认真执行岗位责任制,各司其职,互相配合,如实反映和严格监督各项经济活动。记账、算账、报账必须做到手续完备、内容真实、数字准确、账目清楚、日清月结、近期报账。

（5）财务人员在办理会计事务中,必须坚持原则,照章办事。对于违反财经纪律和财务制度的事项,必须拒绝付款、拒绝报销或拒绝执行,并及时向总经理报告。

（6）财会人员力求稳定,不随便调动。财务人员调动工作或因故离职,必须与接替人员办理交接手续,没有办清交接手续的不得离职,也不得中断会计工作。移交交接包括移交人经管的会计凭证、报表、账目、款项、公章、实物及未了事项等。移交交接必须由建设局财务科监交。

（二）资金使用管理制度

（1）库存现金限定期限为3～5天,不得超过限额5万元,不得以白条抵作现金;不准私自挪用、占用和借用公司现金,现金收支做到日清月结,确保库存现金的账面余款与实际库存额相符;出纳不准坐支现金。

（2）银行账户必须遵守银行的规定开设和使用。银行账户只供本单位经营业务收支结算使用,严禁借账户供外单位或个人使用,严禁为外单位或个人代收代支、转账套现。

（3）银行账户印鉴的使用实行分管并用制,即财务章由出纳保管,法人代表和会计私章由会计保管,不准由一人统一保管使用。印鉴保管人临时出差时由其委托他人代管。

(4)银行账户往来应逐笔登记入账,不准多笔汇总收支,也不准以收抵支。按月与银行对账单核对,未达收支,应逐笔调节平衡。

(5)严格现金收支管理,除一般零星日常支出外,其余投资、工程支出都必须通过银行办理转账结算,不得直接兑付现金。

(6)领用空白支票必须注明限额、日期、用途及使用期限,并向总经理报批。所有空白支票及作废支票均必须存放在保险柜内,严禁空白支票在使用前先盖上印章。

(7)因公出差、经总经理批准借支公款,应在回单位后七天内交清,不得拖欠。非因公事并经总经理批准,任何人不得借支公款。

(8)正常的办公费用开支必须有正式发票,印章齐全,经手人、部门负责人签名,经总经理批准后方可报销付款。

(9)严格资金使用审批手续。会计人员对一切审批手续不完备的资金使用事项,都有权且必须拒绝办理。否则,按违章论处并对该资金的损失负连带赔偿责任。

(三)固定资产核算制度

(1)公司以单价2 000元以上、使用年限一年以上的资产为固定资产,分为房屋及其他建筑物;机器设备;电子设备(如微机、复印机、传真机等);运输工具;其他设备。

(2)固定资产折旧方法:采用年限平均法,按月综合折旧率计提,生产车间设备折旧率为0.5%,行政管理部门设备折旧率为0.5%。

(3)固定资产以不计留残值提取折旧。固定资产提完折旧后仍可继续使用的,不再计提折旧;提前报废的固定资产要补提足折旧。

(4)固定资产必须由财务部合同办公室每年盘点一次,对盘盈、盘亏、报废及固定资产的计价必须严格审查,按规定经批准后,于年度决算时处理完毕。

① 盘盈的固定资产以重置完全价值作为原价,按新旧的程度估算累计折旧入账,原价累计折旧后的差额转入公积金。

② 盘亏的固定资产应冲减原价和累计折旧,原价减累计折旧后的差额作营业外支出处理。

③ 报废的固定资产的变价收入(减除清理费用后的净额)与固定资产净值的差额,其收益转入公积金,其损失作营业外支出处理。

④ 公司对固定资产的购入、出售、清理、报废都要办理会计手续,并设置固定资产明细账进行核算。

(四)存货核算制度

(1)存货包括原材料、在产品、产成品、包装物、周转材料等。

(2)存货按实际成本计价,发出存货成本于月末采用一次加权平均法(倒挤法)。

(3)每月月末及年度终了,应对存货进行盘点,务必做到账、表、物三者相符,在盘点中发现的盘盈、盘亏、毁损变质等情况应及时查明原因,并报经有关部门批准后计入当期损益。

(五)职工薪酬核算制度

企业所计提的职工养老保险金、医疗保险金、失业保险金、工伤保险金、生育保险金分别按企业核准的全员应付工资总额的20%(企业承担12%,个人承担8%)、10%(企业承担5%,个人承担5‰)、2‰(企业承担1‰,个人承担1‰)、0.5‰(企业承担)、0.5‰(企业承担)计算。

(六)成本费用核算制度

(1)企业有设有一个基本生产车间,单步骤大量大批重复生产甲产品和乙产品。甲、乙两种产品按"品种法"计算产品成本,按月结转销售产品成本。

(2)生产用材料全部外购,直接人工和制造费用按产品生产工时比例分配。月末无在产品。

(3)采购和销售业务的单价均为不含税价格;所有会计核算均四舍五入保留2位小数。

(七)损益结转及利润分配

(1)损益结转采用账结法。

(2)税前利润弥补以前年度亏损,经过五年期未足额弥补的,未弥补亏损应用所得税后的利润弥补。

(3)盈余公积提取比例:法定盈余公积为10%,任意盈余公积为5%。

(4)应付给投资者的利润,按当年可供投资者分配利润的60%计算,分配依据为各方所持普通股比例。

项目二 建 账

一、工作任务

(1)建立总分类账。

(2)建立现金日记账、银行存款日记账。

(3)建立相关明细账。

(4)建立相关备查账。

二、相关期初数据及会计科目表

神州开源实业有限公司2022年1月1日总分类账户及明细分类账户余额如附表2-4和附表2-5所示。

附表 2-4 总分类账户余额表

单位:元

账户名称	借方余额	账户名称	贷方余额
库存现金	3 700.00	短期借款	400 000.00
银行存款	435 159.00	应付账款	36 600.00
应收账款	81 900.00	应付职工薪酬	47 350.00
其他应收款	13 311.00	应交税费	31 820.00
原材料	40 000.00	实收资本	1 000 000.00
库存商品	89 800.00	资本公积	85 000.00
固定资产	1 276 580.00	盈余公积	36 680.00
累计折旧	−21 000.00	本年利润	252 000.00
		利润分配	30 000.00
合 计	1 919 450.00	合 计	1 919 450.00

附表 2-5　明细分类账户余额表

总账账户	明细账户	计量单位	数量	单价/元	余额/元
应收账款	远洋公司				46 800.00
	华联商厦				35 100.00
其他应收款	赵磊				1 000.00
	社保				6 629.00
	公积金				5 682.00
原材料	PVC 树脂	千克	750	20.00	15 000.00
	增塑剂	千克	400	32.50	13 000.00
	稳定剂	千克	480	25.00	12 000.00
库存商品	PVC 硬管	件	1 000	45.00	45 000.00
	PVC 软管	件	1 120	40.00	44 800.00
应付账款	黄海科技有限公司				36 600.00
应付职工薪酬	职工工资				40 010.75
应交税费	应交所得税				22 470.00
	未交增值税				9 350.00
利润分配	未分配利润				30 000.00

项目三　日常业务核算

一、工作任务

（1）根据企业实际情况开设现金日记账、银行存款日记账、常用总账及相关明细账。

（2）会计人员审核每笔经济业务的原始凭证并完善相关手续。

（3）会计人员根据审核无误的原始凭证填制记账凭证，并交财务主管审核签字。

（4）出纳登记现金日记账、银行存款日记账，会计人员登记相关明细账。

（5）按旬编制科目汇总表，审核后登记总账，月末日记账、明细账和总账进行核对，在准确无误的基础上进行结账。

（6）根据总账、明细账资料编制资产负债表和利润表。

二、日常业务

神州开源实业有限公司 2022 年 1 月发生如下交易或事项。

（1）1 月 1 日，从银行提取现金 4 000 元备用。现金支票存根如附图 2-4 所示。

（2）1 月 2 日，仓管科张华预借差旅费 4 500 元，以现金支付，借款审批单如附图 2-5 所示。

（3）1 月 2 日，生产车间领用 PVC 树脂 423 千克，成本 8 460 元；增塑剂 200 千克，成本 6 500 元，共计 14 960 元，领料单如附图 2-6 所示。

```
              中国工商银行
              现金支票存根
              No.456608471

附加信息
_____
_____

出票日期 2022 年 1 月 1 日

  收款人:神州开源实业有限公司

  金  额:￥4 000.00

  用  途:备用

单位主管      会计  王丽
```

附图 2-4 现金支票存根

借 款 审 批 单
2022 年 1 月 2 日

部　　门:仓管科		借款人:张华	
借款事由	出差差旅费		
借款金额	(大写)×拾×万肆仟伍佰零元零角零分	￥4 500.00	
预计还款报销日期	2022 年 1 月 18 日	￥4 500.00	**现金付讫**
审批意见	赵磊　　王潇 同意　　同意	借款人签收	张华 2022 年 1 月 2 日

会计主管:　　　　　　　　　　　　出纳:李萌

附图 2-5 借款审批单

领 料 单

领料部门:生产车间　　　　　　　　　　　　2022 年 1 月 2 日

材　　料		单位	数　　量		单位 成本	金额	过账
名称	规格		请领	实发			
PVC 树脂	PI-2	千克	423	423	20.00	8 460.00	
增塑剂	JB-1	千克	200	200	32.50	6 500.00	
工作单号		用途	生产 PVC 硬管				
工作项目							

会计:　　　　　　记账:　　　　　　发料:张丽　　　　　　领料:王鹏

附图 2-6 领料单

（4）1 月 4 日,行政部购买办公桌椅 6 780 元,款项以银行存款支付,相关票据如附图 2-7 和附图 2-8 所示。

甘肃增值税专用发票

发票联

4403164320
校验码 68564 54336 31107 45263

№ 00451860
开票日期：2022 年 1 月 4 日

4403164320
00451860

购买方	名　　　称：神州开源实业有限公司 纳税人识别号：12622100438450653D 地　址 、电 话：神州市西郊工业园区 23 号 0937－52××55 开户行及账号：工商银行盘旋路支行 136002030003568	密码区	＞＊4752b543df927a6296h234573b /b53ab543df927a6296h23457410 ＜6e8ab543df927a6296h2345757c －c78ab543df927a6296h23457625

货物或应税劳务、服务名称	规格型号	单位	数量	单价	金额	税率	税额
＊办公用品类＊办公桌椅		套	10	6 000	6 000.00	13％	780.00
合　计					￥6 000.00		￥6 780.00

价税合计（大写）	⊗陆仟柒佰捌拾元整		（小写）￥6 780.00

销售方	名　　　称：环宇办公设备公司 纳税人识别号：37086678663389877B 地 址 、电 话：建设银行海湾路 16 号 0755－56×××68 开户行及账号：建设银行海湾路支行 560101123642102	备注	（发票专用章）

收款人：曹文　　　复核：张嘉宇　　　开票人：曹文　　　销售方：（章）

附图 2-7　增值税专用发票

ICBC 中国工商银行　网上电子回单

电子回单号码：6835－4215－3635－2655　　　交易流水号：201715632622

付款人	全称	神州开源实业公司	收款人	全称	环宇办公设备公司
	账号	136002030003568		账号	560101123642102
	开户银行	工商银行盘旋路支行		开户银行	建设银行海湾路支行
大写金额	人民币：陆仟柒佰捌拾元整		小写金额	￥6 780.00	
用途	欠货款				
钞汇标志	钞户				
重要提示：电子回单可重复打印，如您已通过银行柜台取得相应纸质回单，请注意核对，勿重复记账					
第一次补打					
记账网店	52043	记账柜员	打印时间	2022 年 1 月 5 日	

附图 2-8　网上电子回单

（5）1 月 5 日，从神州方正公司购进增塑剂 600 千克，单价 31.00 元，价款 18 600 元，增值税 2 418 元，款项以银行存款支付，材料已验收入库。转账支票存根、材料验收入库单、增值税专用发票如附图 2-9～附图 2-11 所示。

中国工商银行
转账支票存根
No.334562114

附加信息　_____

出票日期 2022 年 1 月 5 日

收款人：神州方正公司
金　　额：¥ 21 018.00
用　　途：购料

单位主管　　会计　王丽

附图 2-9　转账支票存根

材料验收入库单

供应单位：神州方正股份有限公司　　　发票号：　　　2022 年 1 月 5 日　　　第　　号

材料类别	材料名称	规格	计量单位	数量	实收数量	单价	金额							
							十	万	千	百	十	元	角	分
	增塑剂	JB-1	千克	600	600	31.00		1	8	6	0	0	0	0
检验结果		检验员签章：		运杂费										
				合计			¥	1	8	6	0	0	0	0
备注														

仓库主管：张华　　　　材料会计：　　　　收料员：　　　　经办人：　　　　制单：陈红

附图 2-10　材料验收入库单

甘肃增值税专用发票

0305146203
校验码 68522 48336 31166 5258

发票联

№ 00595240

开票日期：2022 年 1 月 20 日

0305146203
00595240

购买方	名　　　称：神州开源实业有限公司 纳税人识别号：12622100438450653D 地址、电话：神州市西郊工业园区 23 号 0937 − 56×××68 开户行及账号：工商银行盘旋路支行 136002030003568	密码区	＞＊4752b543df927a6296h234573b b53ab543df927a6296h23457412＞ 6e8ab543df927a6296h2345756c c78ab543df927a6296h2345772b
货物或应税劳务、服务名称	规格型号	单位	数量	单　价	金　额	税率	税　额
＊化工原料＊增塑剂	JB-1	千克	600	31.00	18 600.00	13％	2 418.00
合　计					¥18 600.00		¥2 418.00

价税合计（大写）	⊗贰万壹仟零壹拾捌元整	（小写）¥21 018.00

销售方	名　　　称：神州方正股份有限公司 纳税人识别号：35086678663659240F 地址、电话：神州市西郊工业园区 78 号 0937 − 52×××55 开户行及账号：农业银行神州路支行 652362030003877	备注	神州方正股份有限公司 35086678663659240F 发票专用章

收款人：李洋　　　　复核：张华　　　　开票人：刘明　　　　销售方：（章）

第三联：会计

第三联：发票联　购买方记账凭证

附图 2-11　增值税专用发票

(6) 1 月 5 日,赵磊报销差旅费 980 元,上月借款 1 000 元,退回现金 20 元,差旅费报销单和收款收据如附图 2-12 和附图 2-13 所示。

差旅费报销单

部门:采购部　　　　填报日期:2022 年 1 月 5 日

<table>
<tr><td colspan="5">出差人</td><td colspan="2">赵磊</td><td colspan="5">出差事由</td><td colspan="3">洽谈业务</td></tr>
<tr><td colspan="6">讫时间及地点</td><td>交通工具</td><td colspan="2">交通费</td><td colspan="6">出差补贴</td></tr>
<tr><td rowspan="2">月</td><td rowspan="2">日</td><td rowspan="2">地点</td><td rowspan="2">月</td><td rowspan="2">日</td><td rowspan="2">地点</td><td rowspan="2"></td><td rowspan="2">单据张数</td><td rowspan="2">金额</td><td colspan="3">天数</td><td colspan="3">金额</td></tr>
<tr><td colspan="3">2</td><td colspan="3">¥360.00</td></tr>
<tr><td>12</td><td>19</td><td>神州</td><td>12</td><td>20</td><td>兰州</td><td>火车</td><td>1</td><td>210.00</td><td colspan="6">其他费用</td></tr>
<tr><td>12</td><td>20</td><td>兰州</td><td>12</td><td>21</td><td>神州</td><td>火车</td><td>1</td><td>210.00</td><td>项目</td><td>单据张数</td><td>金额</td><td>项目</td><td>单据张数</td><td>金额</td></tr>
<tr><td></td><td></td><td></td><td></td><td></td><td></td><td></td><td></td><td></td><td>住宿费</td><td>1</td><td>200.00</td><td>电话费</td><td></td><td></td></tr>
<tr><td></td><td></td><td></td><td></td><td></td><td></td><td></td><td></td><td></td><td>出差地车费</td><td></td><td></td><td>餐费</td><td></td><td></td></tr>
<tr><td></td><td></td><td></td><td></td><td></td><td></td><td></td><td></td><td></td><td>办公费</td><td></td><td></td><td>其他</td><td></td><td></td></tr>
<tr><td colspan="6">小计</td><td colspan="3">¥420.00</td><td>小计</td><td colspan="5">¥200.00</td></tr>
<tr><td colspan="3" rowspan="2">报销总额</td><td colspan="6" rowspan="2">人民币大写:玖佰捌拾元整</td><td colspan="2" rowspan="2">小写:¥980.00</td><td colspan="2">预借金额</td><td colspan="2">1 000.00</td></tr>
<tr><td colspan="2">退补金额</td><td colspan="2">20.00</td></tr>
</table>

附单据共 3 张

主管:王潇　　部门:冯涛　　审核:　　填报人:赵磊

附图 2-12　差旅费报销单

收　款　收　据

2022 年 1 月 5 日　　　　第　　号

今收到 赵磊

交来 预借款

人民币(大写)贰拾元整　　¥20.00

单位印章　单位负责人　会计主管　经手人　王丽

第三联:记账联

附图 2-13　收款收据

(7) 1 月 5 日,委托银行代发上月工资,应发工资总额 47 350.00 元,代扣职工社会保险 6 629.00 元,住房公积金 5 682.00 元,个人所得税 41.40 元,工资明细表及银行网上电子回单如附表 2-6 和附图 2-14 所示。

附表 2-6　神州开源实业有限公司 12 月工资明细表

部门	姓名	基本工资	岗位工资	应发工资	应扣款项			实发工资	签名
					社保费	公积金	个税		
行政部	李浩然	3 000.00	1 500.00	4 500.00	472.50	225.00	0.00	3 802.50	李浩然
行政部	王潇	3 000.00	1 500.00	4 500.00	472.50	225.00	0.00	3 802.50	王潇
行政部	张妍	2 800.00	1 200.00	4 000.00	420.00	200.00	0.00	3 380.00	张妍
财务部	王丽	2 800.00	1 200.00	4 000.00	420.00	200.00	0.00	3 380.00	王丽
财务部	李萌	2 500.00	1 000.00	3 500.00	367.50	175.00	0.00	2 957.50	李萌
采购部	赵磊	2 500.00	1 750.00	4 250.00	446.25	212.50	0.00	3 591.25	赵磊
仓管科	张华	2 300.00	1 700.00	4 000.00	420.00	200.00	0.00	3 380.00	张华
销售部	李超	2 500.00	1 500.00	4 000.00	420.00	200.00	0.00	3 380.00	李超
生产部	王鹏	3 500.00	1 500.00	5 000.00	525.00	250.00	0.00	4 225.00	王鹏
生产部	陈红	3 000.00	1 800.00	4 800.00	504.00	240.00	0.00	4 056.00	陈红
生产部	冯涛	3 000.00	1 800.00	4 800.00	504.00	240.00	0.00	4 056.00	冯涛
合　计		30 900.00	16 450.00	47 350.00	4 971.75	2 367.50	0.00	40 010.75	——

出纳:李萌　　　　　　　审核:王潇　　　　　　　制单:王丽

ICBC 中国工商银行　网上电子回单

电子回单号码:6835 - 4215 - 3563 - 2565　　　　交易流水号:202204056622

付款人	全称	神州开源实业有限公司	收款人		
	账号	136002030003568			
	开户银行	工商银行盘旋路支行			
大写金额	人民币:肆万零壹拾元柒角伍分		小写金额	¥40 010.75	
用途	代发工资				
钞汇标志	钞户				
重要提示:电子回单可重复打印,如您已通过银行柜台取得相应纸质回单,请注意核对,勿重复记账					
第一次补打					
记账网店	51555	记账柜员	5112	打印时间	2022 年 1 月 5 日

附图 2-14　网上电子回单

(8)1月6日,生产车间领用生产 PVC 软管所用材料 29 500.00 元,领料单如附图 2-15所示。

领 料 单

领料部门:生产车间　　　　　　　　　　　　2022 年 1 月 6 日

材　料		单位	数　量		单位成本	金额	过账
名称	规格		请领	实发			
增塑剂	JB-1	千克	600	600	32.50	19 500.00	
稳定剂	RB-6	千克	400	400	25.00	10 000.00	
工作单号		用途	生产 PVC 软管				
工作项目							

会计:　　　　　记账:　　　　发料:张华　　　　　领料:李明华

附图 2-15　领料单

(9)1月6日,开出转账支票支付华强广告有限公司广告费 8 000 元,转账支票存根、发票如附图 2-16 和附图 2-17 所示。

中国工商银行转账支票存根
No.334562115
附加信息
_____
_____
出票日期 2022 年 1 月 6 日

收款人:华强广告有限公司
金　额:￥8 000.00
用　途:广告费
单位主管　　会计　王丽

附图 2-16　转账支票存根

甘肃省广告业统一发票

客户名称及地址:神州开源实业有限公司　　　　　　　　2022 年 1 月 6 日填制

品名及项目	规格	单位	数量	单价	金额							备注
					十万	千	百	十	元	角	分	
广告制作			1	8 000.00		8	0	0	0	0	0	
合计					￥	8	0	0	0	0	0	
合计金额(大写):⊗捌仟零佰零拾零元零角零分　　　　￥8 000.00											

单位(盖章)　　　　　　　　　　　　　　　开票人:李超

附图 2-17　发票

（10）1月7日，从黄海科技有限公司购进 PVC 树脂 500 千克，单价 20 元，价款 10 000 元，增值税 1 300 元，款项以银行存款支付，材料已验收入库。信汇凭证、增值税专用发票、材料验收入库单如附图 2-18～附图 2-20 所示。

中国工商银行信汇凭证（回单）

委托日期 2022 年 1 月 7 日

汇款人	全称	神州开源实业有限公司	收款人	全称	黄海科技有限公司										此联是给汇款人的回单
	账号或住址	136002030003568		账号或住址	91032640702										
	开户银行	工商银行盘旋路支行		开户银行	工行	行号	2263								
金额	人民币（大写）壹万壹仟叁佰元整				千	百	十	万	千	百	十	元	角	分	
							¥	1	1	3	0	0	0	0	
汇款用途：购料															
上列款项已根据委托办理，如需查询，请持此回单来行面洽。				汇出行盖章 2022 年 1 月 7											
单位主管	会计	复核	记账												

附图 2-18　信汇凭证

甘肃增值税专用发票

发票联

0306205143 校验码 68522 48336 31166 45258	№ 00594025 开票日期：2022 年 1 月 7 日	0306205143 00594025

购买方	名　称：神州开源实业有限公司 纳税人识别号：12622100438450653D 地址、电话：神州市西郊工业园区 23 号 0937 - 52×××55 开户行及账号：工商银行神州路支行 136002030003568	密码区	＞＊4752b543df927a6296h234573b b53ab543df927a6296h234574124 ＜6e8ab543df927a6296h234575c＞ /c78ab543df927a6296h234576b

货物或应税劳务、服务名称	规格型号	单 位	数 量	单 价	金 额	税率	税 额
＊化工原料＊PVC 树脂	PI-2	千克	500	20.00	10 000.00	13％	1 300.00
合　计					¥10 000.00		¥1 300.00

价税合计（大写）	⊗壹万壹仟叁佰元整	（小写）¥11 300.00

销售方	名　称：黄海科技有限公司 纳税人识别号：35086623553659375D 地址、电话：青岛市红谷路 18 号137×××××16 开户行及账号：建设银行解放路支行 91032640702	备注	黄海科技有限公司 35086623553659375D 发票专用章

收款人：李洋	复核：张华	开票人：刘明	销售方：（章）

第三联：发票联　购买方记账凭证

附图 2-19　增值税专用发票

材料验收入库单

<table>
<tr><td>供应单位：</td><td colspan="5">发票号：</td><td colspan="3">2022 年 1 月 7 日</td><td colspan="7">第　号</td></tr>
</table>

材料类别	材料名称	规格	计量单位	数量	实收数量	单价	十	万	千	百	十	元	角	分
	PVC 树脂	PI-2	千克	500	500	20.00		1	0	0	0	0	0	0

检验结果		检验员签章：		运杂费										
				合计			￥	1	0	0	0	0	0	0
备注														

仓库主管　　　　　材料会计　　　　　收料员　　　　　经办人　　　　　制单：陈红

附图 2-20　材料验收入库单

（11）1 月 10 日，生产车间领用车间修理耗用材料，领料单如附图 2-21 所示。

领料单

领料部门：生产车间　　　　　　　　　2022 年 1 月 10 日

材料		单位	数量		单位成本	金额	过账
名称	规格		请领	实发			
PVC 树脂	PI—2	千克	500	500	20.00	10 000.00	
工作单号		用途	车间修理耗用				
工作项目							

会计：　　　　　记账：　　　　　发料：张华　　　　　领料：王鹏

附图 2-21　领料单

（12）1 月 10 日，收到银行转来的华联商厦前欠货款 35 100 元，网上电子回单如附图 2-22 所示。

ICBC 中国工商银行　网上电子回单

电子回单号码：6835 - 4215 - 3563 - 2565　　　　交易流水号：201612256326

付款人	全称	华联商厦	收款人	全称	神州开源实业有限公司
	账号	560101123642102		账号	136002030003568
	开户银行	工商银行东风支行		开户银行	工商银行盘旋路支行
大写金额	人民币：叁万伍仟壹佰元整			小写金额	￥35 100.00
用途	欠货款				
钞汇标志	钞户				
重要提示：电子回单可重复打印，如您已通过银行柜台取得相应纸质回单，请注意核对，勿重复记账					
第一次补打					
记账网店	52043	记账柜员		打印时间	2022 年 1 月 5 日

附图 2-22　网上电子回单

（13）1月10日，从银行取得6个月期限的经营周转借款200 000元，月利率为0.4%，贷款凭证如附图2-23所示。

贷款凭证（收账通知）
2022 年 1 月 10 日

单位名称	神州开源实业有限公司		种类	短期资金贷款		贷款户账号		206354	
金额	人民币大写：贰拾万元整	千	百	十	万	千	百	十 元	角 分
				￥	2	0	0	0 0 0	0 0
用途		单位申请期限		自2022年1月10日起至2022年7月10日至				利率	0.4%
		银行核定期限		自2022年1月10日起至2022年7月10日至					
以上贷款以核准发放已转收你单位银行签章	工商银行盘旋路支行 6221022713000082908 结算专用章			工商银行盘旋路支行 2022-01-10 转账 转讫					

附图 2-23　贷款凭证

（14）1月13日，缴纳上个月增值税9 350元，通过银行扣缴，付款凭证如附图2-24所示。

中国工商银行电子缴税付款凭证

转账日期：2022 年 1 月 13 日　　　　　　　凭证字号：35202201136523

纳税人全称及纳税人识别号：神州开源实业有限公司 12622100438450653D	
付款人全称：神州开源实业有限公司	咨询投诉电话：12366
付款人账号：1360020300035658	征收机构名称神州市地方税务局肃州分局
付款人开户银行：工商银行东风支行	收款国库银行名称：国家金库肃州区支库
小写（合计）金额：￥9 350.00	缴款书交易流水号：2022041035651512
大写（合计）金额：玖仟叁佰伍拾元整	税票号码：SD35651512

税（费）名称	所属时间	实缴金额
		中国工商银行 电子回单 专用章
增值税	20220101－20220131	9 350.00

附图 2-24　付款凭证

（15）1月13日，销售给神州瑞丰实业有限公司PVC硬管600件，单价275元，价款63 000元，增值税21 450元；PVC软管800件，单价325元，价款260 000元，增值税33 800元。商品已发出，增值税专用发票已开具，款项尚未收到，相关凭证如附图2-25和附图2-26所示。

甘肃增值税专用发票

0351046255

校验码 68522 48336 33166 2358　此联不做报销、抵扣凭证使用　开票日期：2022 年 1 月 20 日

№ 00556240

0351046255
00556240

购买方	名　　称：瑞丰实业有限公司 纳税人识别号：35086678663659240F 地址、电话：神州市平安路 111 号 0937-52×××58 开户行及账号：农业银行神州路支行 652002030003423	密码区	＞＊4752b543df927a6296h234573b b53ab543df927a6296h2345741＞ /6e8ab543df927a6296h234575c ＞c78ab543df927a6296h234576b

货物或应税劳务、服务名称	规格型号	单位	数量	单价	金额	税率	税额
＊塑料制品＊PVC 硬管	JC-2	件	600	275.00	165 000.00	13%	21 450.00
＊塑料制品＊PVC 软管	JR-6	件	800	325.00	260 000.00	13%	33 800.00
合　计					￥425 000.00		￥55 250.00

价税合计（大写）	⊗肆拾捌万零贰佰伍拾元整　　　（小写）480 250.00

销售方	名　　称：神州开源实业有限公司 纳税人识别号：12622100438450653D 地址、电话：神州市西郊工业园区 23 号 0937－56×××68 开户行及账号：工商银行盘旋路支行 136002030003568	备注	（神州开源实业有限公司 12622100438450653D 发票专用章）

收款人：李洋　　　复核：张华　　　开票人：刘明　　　销售方：（章）

第一联：记账联　销售方记账凭证

附图 2-25　增值税专用发票

产 品 出 库 单

客户名称：神州瑞丰实业有限公司
联系人：王世虎

№ 00556585
2022 年 1 月 13 日

序号	货品名称	规格	单位	数量	单价	金额	备注
1	PVC 硬管	JC-2	千克	600	275	165 000	
2	PVC 软管	JR-6	千克	800	325	260 000	
合计						￥425 000	

会计：　　　记账：　　　发料：张丽　　　领料：王鹏

第一联：记账联

附图 2-26　产品出库单

（16）1 月 15 日，从滨海华茂股份有限公司购进 PVC 树脂 1 000 千克，单价 21 元，价款 21 000 元，增值税 2 730 元，货款未付，材料验收入库。材料验收入库单、增值税专用发票如附图 2-27 和附图 2-28 所示。

材料验收入库单

供应单位： 发票号： 2022 年 1 月 15 日 第 号

材料类别	材料名称	规格	计量单位	数量	实收数量	单价	金额						
							十	万	千	百	十	元	角	分
	PVC 树脂	PI-2	千克	1 000	1 000	21	¥	2	1	0	0	0	0	0
检验结果		检验员签章		运杂费合计					2	1	0	0	0	0	0
备注													

仓库主管 材料会计 收料员 经办人 制单:陈红

第三联：记账联

附图 2-27 材料验收入库单

甘肃增值税专用发票

0306403152
校验码 68522 55336 31166 5258

甘肃
国家税务总局监制
发票联

№ 00595204
开票日期:2022 年 1 月 15 日

0306403152
00595204

购买方	名 称：神州开源实业有限公司 纳税人识别号:12622100438450653D 地 址、电话:神州市西郊工业园区 23 号 0937 - 52×××55 开户行及账号:工商银行神州路支行 136002030003568	密码区	＞＊4752b543df927a6296h234573b 7b53ab543df927a6296h2345741＞ /6e8ab543df927a6296h234577c ＞c78ab543df927a6296h234576b

货物或应税劳务、服务名称	规格型号	单 位	数 量	单 价	金 额	税率	税 额
＊化工原料＊PVC 树脂	PI-2	千克	1 000	21.00	21 000.00	13％	2 730.00
合 计					¥21 000.00		¥2 730.00

价税合计(大写)	⊗贰万叁仟柒佰叁拾元整		(小写)¥23 730.00

销售方	名 称：滨海华茂股份有限公司 纳税人识别号:58061232655316725D 地 址、电话:滨海市华强北路 18 号 158×××××15 开户行及账号:工商银行滨海市分行 870326406432	备注	

收款人:李洋 复核:张华 开票人:刘明 销售方:(章)

第三联：发票联 购买方记账凭证

附图 2-28 增值税专用发票

(17) 1 月 17 日,销售给宏达股份有限公司 PVC 硬管 400 件,单价 315 元,价款 126 000 元,增值税 16 380 元;PVC 软管 300 件,单价 320 元,价款 96 000 元,增值税 12 480 元,办妥委托银行收款项手续。相关票据如附图 2-29~附图 2-31 所示。

产 品 出 库 单

客户名称：宏达股份有限公司　　　　　　　No 00556598

联系人：王洪亮　　　　　　　　　　　　2022 年 1 月 17 日

序号	货品名称	规格	单位	数量	单价	金额	备注
1	PVC 硬管	JC—2	千克	400	315.00	126 000.00	
2	PVC 软管	JR—6	千克	300	320.00	96 000.00	
合计						￥222 000.00	

会计：王丽　　　　记账：　　　　发料：张华　　　　领料：王鹏

第一联：记账联

附图 2-29　产品出库单

托收承付凭证（回单）

委托日期 2022 年 1 月 17 日　　　　　　托收号码：8635

电

付款人	全称	宏达股份有限公司	收款人	全称	神州开源实业有限公司									
	电话或住址	神州市解放路 16 号 68×××35		账号	652002030003423									
	开户银行	中国工商银行神州市分行		开户银行	工行	行号	2685							

托收金额	人民币（大写）贰拾伍万零捌佰陆拾元整	千	百	十	万	千	百	十	元	角	分
				￥	2	5	0	8	6	0	0	0

附件		商品发运情况		合同名称号码	
附寄单证张数或册数					
备注 电划		款项收妥日期 年 月 日		收款人开户银行盖章 2022 年 1 月 17 日	

主管单位　　　会计　　　复核　　　付款单位开户银行盖章

此联是收款人开户行给收款人的回单

附图 2-30　托收承付凭证

甘肃增值税专用发票

0351405652　　　　　　　　　　　　　0351405652

0351405652　　　　　　No 00556433　　00556433

校验码 68522 48336 31166 45258　此联不做报值扣税凭证使用　开票日期：2022 年 1 月 17 日

购买方	名　称：宏达股份有限公司 纳税人识别号：35086678663659246F 地址、电话：神州市吉祥路 11 号 0937-52×××42 开户行及账号：农行吉祥路支行 652002030003423	密码区	＞＊8652b543df927a6296h234573b 7b53ab543df927a6296h2345741 56e8ab543df927a6296h234575c ＞c78ab543df927a6296h234576b

货物或应税劳务、服务名称	规格型号	单位	数量	单价	金　额	税率	税　额
＊塑料制品＊PVC 硬管	JC-2	件	400	315.00	126 000.00	13％	16 380.00
＊塑料制品＊PVC 软管	JR-6	件	300	320.00	96 000.00	13％	12 480.00
合　计					￥222 000.00		￥28 860.00

价税合计（大写）	⊗贰拾伍万零捌佰陆拾元整	（小写）250 860.00

销售方	名　称：神州开源实业有限公司 纳税人识别号：12622100438450653D 地址、电话：神州市西郊工业园区 23 号 0937-56×××68 开户行及账号：工商银行盘旋路支行 136002030003568	备注	神州开源实业有限公司 12622100438450653D 发票专用章

收款人：李洋　　　复核：张华　　　开票人：刘明　　　销售方：（章）

第一联：记账联 销售方记账凭证

附图 2-31　增值税专用发票

（18）1月21日，收到远洋公司前欠货款46 800元。银行收账通知如附图2-32所示。

中国工商银行信汇凭证（收账通知）

委托日期 2022 年 1 月 21 日

汇款人	全称	远洋公司	收款人	全称	神州开源实业有限公司											
	账号或住址	608230578621345		账号或住址	136002030003568											
	开户银行	工商银行丽都市分行		开户银行	工行			行号			2685					
金额	人民币（大写）肆万陆仟捌佰元整				千	百	十	万	千	百	十	元	角	分
							¥	4	6	8	0	0	0	0
汇款用途：还欠款				汇出行盖章 2022 年 1 月										
上列款项已根据委托办理，如需查询，请持此回单来行面洽														
单位主管	会计	复核	记账											

附图 2-32 收账通知

此联是汇出行给汇款人的回单

（19）1月22日，行政部领用办公耗材，如附图2-33所示。

领 料 单

领料部门：行政部　　　　　　　　　　　　　　　　　　　　　　　　　2022 年 1 月 22 日

材料		单位	数量		单位成本	金额	过账
名称	规格		请领	实发			
PVC 树脂	RB-6	个	100	100	20.00	2 000.00	
工作单号		用途	办公耗材				
工作项目							

会计：　　　　　　　记账：　　　　　　　发料：张华　　　　　　　领料：王鹏

附图 2-33 领料单

（20）1月26日，以银行存款支付本月电话费2 180元。发票、银行回单如附图2-34和附图2-35所示。

甘肃增值税专用发票

4403320164　　　　　　　　　　　　　　No 00456108　　　4403320164
校验码 68564 54336 31107 45263　　**发 票 联**　　开票日期：2022 年 1 月 26 日　　00456108

购买方	名　　称：神州开源实业有限公司 纳税人识别号：12622100438450653D 地址、电话：神州市西郊工业园区 23 号 0937-52××55 开户行及账号：工商银行盘旋路支行 136002030003568	密码区	＞＊b543d4752f927a6296h234573b /43df927b53ab5a6296h23457412 ＞df927a66e8ab543296h2345752c c7248ab543df927a6296h234576b

货物或应税劳务、服务名称	规格型号	单 位	数 量	单 价	金 额	税率	税 额
＊通信费＊电话费			1	2 000.00	2 000.00	9%	180.00
合 计					¥2 000.00		¥180.00

价税合计（大写）	⊗贰仟壹佰捌拾元整	（小写）¥2 180.00

销售方	名　　称：中国电信股份有限公司神州分公司 纳税人识别号：1895244103001053D 地址、电话：东大街赛格电子城 4A03 0937-56××68 开户行及账号：建设银行东大街支行 623101123642102	备注	

收款人：张敏　　　　　　　复核：李晓　　　　　　　销售方：（章）

第三联：发票联　购买方记账凭证

附图 2-34 增值税专用发票

ICBC 中国工商银行　单位客户专用回单　　　N0.37　6355236

币别：人民币	2022 年 1 月 26 日		流水号：201104267652565		

付款人	全称	神州开源实业有限公司	收款人	全称	中国电信股份有限公司神州分公司
	账号	136002030003568		账号	560101123642876
	开户银行	工商银行盘旋路支行		开户银行	建设银行太平路支行

金额	人民币：贰仟壹佰捌拾元整	（小写）￥2 180.00

凭证种类	电子转账凭证	凭证号码	022971676568

结算方式	转账	用途	电话费

汇划日期汇划款项编号： 汇入行行号：102393000331 汇入行行名：工商银行滨海市分行 业务类型 0000 原凭证金额 2 180.00 原凭证种类 0038 原凭证号码 022971676568 附言：电话费	打印柜员：351980301003 打印机构：中国工商银行神州盘旋路支行 打印卡号：95588009940 补打次数：0

打印时间：2021－01－26　　交易柜员：K000002　　交易机构：3518097001

本回单手写无效可通过工行自助设备验证真伪

附图 2-35　银行回单

（21）1 月 28 日，以银行存款偿还前欠黄海科技有限公司货款 36 600 元，相关凭证如附图 2-36 所示。

中国工商银行信汇凭证（回单）

委托日期 2022 年 1 月 28 日

汇款人	全称	神州开源实业有限公司	收款人	全称	黄海科技有限公司										
	账号或住址	136002030003568		账号或住址	623205223057827										
	开户银行	工商银行盘旋路支行		开户银行	建行		行号		4623						

金额	人民币（大写）叁万陆仟陆佰元整	千	百	十	万	千	百	十	元	角	分
			￥	3	6	6	0	0	0	0	0

汇款用途：还欠款

上列款项已根据委托办理，如需查询，请持此回单来行面洽。

单位主管　　　会计　　　复核　　　记账

汇出行盖章
2022 年 1 月 28 日

此联是汇出行给汇款人的回单

附图 2-36　信汇凭证

（22）1月29日，通过银行扣缴本月水费981元，相关票据如附图2-37和附图2-38所示。

ICBC 中国工商银行　网上电子回单

电子回单号码 6358-4152-3563-2655　　　　　　　　　　　　流水号：202204266943

付款人	全称	神州开源实业有限公司	收款人	全称	神州水务集团肃州分公司
	账号	136002030003568		账号	622456010112364
	开户银行	工商银行盘旋路支行		开户银行	中国工商银行神州盘旋路支行

大写金额	人民币：玖佰捌拾壹元整	小写金额	￥981.00

用途	水费
钞汇标志	钞户

重要提示：电子回单可重复打印，如您已通过银行柜台取得相应纸质回单，请注意核对，勿重复记账

第一次补打

记账网店	52043	记账柜员	5112	打印时间	2022年1月29日

附图 2-37　网上电子回单

甘肃增值税专用发票

发票联

4403316204
校验码 68564 54336 31107 45263

№ 00451086

开票日期：2022 年 1 月 29 日

4403316204
00451086

购买方	名　　称：神州开源实业有限公司 纳税人识别号：12622100438450653D 地址、电话：神州市西郊工业园区 23 号 0937-52×××55 开户行及账号：工商银行盘旋路支行 136002030003568	密码区	＞＊4752b543df927a6296h234573b b53ab543df927a6296h23457413＞ 6e8ab543df927a6296h23453475c /c78ab543df927a6296h2345763c

货物或应税劳务、服务名称	规格型号	单位	数量	单价	金额	税率	税额
＊水冰雪＊水费		立方米	180	5.00	900.00	9%	81.00
合　计					￥900.00		￥81.00

价税合计（大写）	⊗玖佰捌拾壹元整	（小写）￥981.00

销售方	名　　称：神州水务集团肃州分公司 纳税人识别号：91440306441010534D 地址、电话：神州市太平路 16 号 0937-56×××68 开户行及账号：建设银行太平路支行 210256010112364	备注	

收款人：张敏敏　　　复核：李晓慧　　　销售方：（章）

第三联：发票联　购买方记账凭证

附图 2-38　水费发票

（23）1月29日，通过银行扣缴支付本月电费 3 390 元，相关票据如附图 2-39 和附图 2-40 所示。

甘肃增值税专用发票

3310462404	3310462404
	00458610

校验码 68564 54336 31107 45263　　　　№ 00458610　　　开票日期：2022 年 1 月 29 日

发票联

购买方	名　　称：神州开源实业有限公司 纳税人识别号：12622100438450653D 地址、电话：神州市西郊工业园区 23 号 0937－52××55 开户行及账号：工商银行盘旋路支行 136002030003568	密码区	＞＊4752b543df927a6296h234573b b53ab543df927a6296h2345741＞ 6e8ab543df927a6296h2345758c /c78ab543df927a6296h234576b

货物或应税劳务、服务名称	规格型号	单位	数量	单价	金额	税率	税额
＊供电＊电费		度	1	1.25	3 000.00	13%	390.00
合　计					￥3 000.00		￥390.00

价税合计（大写）	⊗叁仟叁佰玖拾元整	（小写）￥3 390.00

销售方	名　　称：国家电网集团神州分公司 纳税人识别号：9144644103001053D 地址、电话：神州尚武街 43 号 4503 0937－26××68 开户行及账号：建设银行尚武街支行 210256010112436	备注	国家电网集团神州分公司 9144644103001053D 发票专用章

收款人：张丽　　　　　复核：李晓慧　　　　　销售方：（章）

第三联：发票联　购买方记账凭证

附图 2-39　电费发票

ICBC 中国工商银行　网上电子回单

电子回单号码：6358－4152－3563－2655　　　　　交易流水号：202204266954

付款人	全称	神州开源实业有限公司	收款人	全称	国家电网集团神州分公司
	账号	136002030003568		账号	274301121023642
	开户银行	工商银行盘旋路支行		开户银行	中国工商银行神州盘旋路支行
大写金额	人民币：叁仟叁佰玖拾元整		小写金额	￥3 390.00	
用途	电费				
钞汇标志	钞户			中国工商银行 电子回单 专用章	
重要提示：电子回单可重复打印，如您已通过银行柜台取得相应 纸质回单，请注意核对，勿重复记账					
第一次补打					
记账网店	43520	记账柜员	5112	打印时间	2022 年 1 月 29 日

本回单手写无效可通过工行自助设备验证真伪

附图 2-40　网上电子回单

（24）1月31日，计提本月利息2 400元，如附表2-7所示。

附表2-7　利息计算表

2022年1月31日

贷款金额	月利率	计提利息
600 000	0.4%	2 400

（25）1月31日，计提本月工资，各部门工资明细表如附表2-8所示。

附表2-8　神州开源实业有限公司1月工资明细表

部　门	人　数	小　计
管理部门	7	28 750.00
销售部门	1	4 000.00
生产部门——硬管车间	1	5 000.00
生产部门——软管车间	2	9 600.00
合计	11	47 350.00

（26）1月31日，月末分配结转本月制造费用，本月"制造费用"明细发生额14 152.00元，生产总工时为5 000小时，"制造费用分配表"如附表2-9所示。

附表2-9　制造费用分配表

2022年1月30日

分配对象	分配标准(生产工时)	分配率	分配金额/元
PVC硬管	2 000	—	5 660.8
PVC软管	3 000	—	8 491.2
制造费用合计	5 000	2.830 4	14 152

（27）1月31日，结转本月生产完工验收入库产品的生产成本。本月产品全部完工总成本为73 212.00元；完工产品计算表如附表2-10～附表2-12所示。

附表2-10　完工产品成本计算单

2022年1月31日

期初在产品数量：0

本期投入量：706

完工产量：706

产品名称：PVC硬管

单位：元

成本项目	月初在产品成本	本月发生费用	生产费用合计	月末在产品成本	完工产品成本	单位成本
直接材料	0.00	14 960.00	14 960.00	0.00	14 960.00	
直接人工	0.00	5 000.00	5 000.00	0.00	5 000.00	
制造费用	0.00	5 660.80	5 660.80	0.00	5 660.80	
合　计	0.00	25 620.80	25 620.80	0.00	25 620.80	36.29

附表 2-11 完工产品成本计算单

2022 年 1 月 31 日

期初在产品数量:0
本期投入量:1 220
完工产量:1 220

产品名称:PVC 软管

单位:元

成本项目	月初在产品成本	本月发生费用	生产费用合计	月末在产品成本	完工产品成本	单位成本
直接材料	0.00	29 500.00	29 500.00	0.00	29 500.00	
直接人工	0.00	9 600.00	9 600.00	0.00	9 600.00	
制造费用	0.00	8 491.20	8 491.20	0.00	8 491.20	
合 计	0.00	47 591.20	47 591.20	0.00	47 591.20	39.01

附表 2-12 产成品入库单

2022 年 1 月 30 日

产品名称	计量单位	数量	单价/元	金额/元
PVC 硬管	件	706	36.290 1	25 620.80
PVC 软管	件	1 120	39.009 2	47 591.20
合 计	件	1 822	—	73 212.00

仓库主管　　　　　　　　　　经办人　　　　　　　　　　制单:张华

(28)1 月 31 日,结转本月销售产品的销售成本,根据本月"库存商品出库汇总表"(略)编制主营业务成本计算单,如附表 2-13 所示。

附表 2-13 主营业务成本计算单

2022 年 1 月 30 日

产品名称	计量单位	本期销售数量	单位成本/元	销售成本总额/元
PVC 硬管	件	1 000	45.00	45 000.00
PVC 软管	件	1 100	40.00	44 000.00
合 计	—	2 100	—	89 000.00

(29)1 月 31 日,计算当月应纳增值税并将"应交税费——应交增值税"明细账余额结转至"应交税费——未交增值税"明细账中,如附表 2-14 所示。

附表 2-14 应缴纳增值税计算表

2022 年 1 月 31 日

项 目	金额/元	备注
销项税额	84 110.00	
加:进项税额转出		
出口退税		
减:进项税额	7 879.00	
已交税金		
减免税款		

续表

项　目	金额/元	备注
出口抵减内销产品应纳税额		
应交增值税额		
加:按简易征收办法计算应纳税额		
应纳税合计	76 231.00	

审核:王潇　　　　　　　　　　　　　　制表:王丽

（30）1 月 31 日,根据当月应交增值税明细分别计算城市维护建设税、教育附加地方教育费附加,如附表 2-15 所示。

附表 2-15　税金及附加计算表

2022 年 1 月 31 日

项目	计提金额/元	计提基数及比例			
		计提比例	增值税/元	消费税/元	计提基数/元
城建税	5 336.17	7%			
教育费附加	2 286.93	3%	76 231.00	0	76 231.00
地方教育费附加	1 524.62	2%			
合计	9 147.72	—	—	0	

审核:王潇　　　　　　　　　　　　　　制表:王丽

（31）1 月 31 日,将本月所有收入、费用类账户余额结转至"本年利润"账户,计算如附表 2-16 所示。

附表 2-16　损益类账户结转计算表

2022 年 1 月 31 日

账户名称	结转前余额/元		转入本年利润/元	
	借方	贷方	借方	贷方
主营业务收入				647 000.00
其他业务收入				
营业外收入				
投资收益				
主营业务成本			89 000.00	
其他业务成本				
营业税金及附加			9 147.72	
销售费用			13 792.00	
管理费用			45 223.80	
财务费用			2 400.00	
营业外支出				
合　计			159 563.52	647 000.00

制表:王丽

（32）1月31日,按照本月实现利润的25%计算本月应交所得税,如附表2-17所示。

附表 2-17　所得税费用计算表

2022 年 1 月 31 日

应纳税所得额/元	所得税税率	企业所得税/元
487 436.48	25%	121 859.12

制表:王丽

（33）1月31日,将所得税费用结转至"本年利润"账户。根据账簿有关资料编制内部转账单,如附表2-18所示。

附表 2-18　公司内部转账单

2022 年 1 月 31 日

摘　要	金　额/元
将所得税费用结转至本年利润账户	121 859.12
合　计	121 859.12

制表:王丽

（34）1月31日,将全年实现的净利润结转至"利润分配——未分配利润"账户。经查账,本年利润明细账户1月末贷方余额如附表2-19所示。

附表 2-19　公司内部转账单

2022 年 1 月 31 日

摘　要	金　额/元
将全年净利润转入"利润分配"账户	617 577.36
合　计	617 577.36

制表:王丽

（35）1月31日,按税后利润的10%计提法定盈余公积金61 757.74元,按税后利润的5%计提任意盈余公积金28 996.37元,如附表2-20所示。

附表 2-20　公司内部转账单

2022 年 1 月 31 日

项　目	提取比例	金　额/元
一、净利润		617 577.36
二、提取盈余公积:		
提取法定盈余公积	10%	61 757.74
提取任意盈余公积	5%	30 878.87
三、可供投资者分配的利润		524 940.75

制表:王丽

项目四 会计报表的编制

一、编制资产负债表

（报表自备）

二、编制利润表

（报表自备）

参考文献

[1] 会计资格评价中心.初级会计实务[M].北京:经济科学出版社,2021.

[2] 冯素平.会计综合实训[M].北京:人民邮电出版社,2020.

[3] 程淮中.基础会计与实务[M].3 版.北京:人民邮电出版社,2019.

[4] 程淮中.会计基础实训[M].3 版.北京:人民邮电出版社,2019.

[5] 将泽生.基础会计[M].5 版.北京:中国人民大学出版社,2019.

[6] 将泽生.基础会计模拟实训[M].5 版.北京:中国人民大学出版社,2019.

[7] 沐建红.基础会计[M].3 版.北京:人民邮电出版社,2018.

[8] 沐建红.基础会计习题与实训[M].3 版.北京:人民邮电出版社,2018.

[9] 孔德兰.会计基础[M].2 版.北京:高等教育出版社,2017.

[10] 陈文铭,陈艳.基础会计习题与案例[M].大连:东北财经大学出版社,2016.